Slapstick

Pantomime — Maskenspiel

edition aragon

Ich bedanke mich bei folgenden Personen
für ihre Mitwirkung

Elke Wennmann (gestalterische Beratung und
Kapitelzeichnungen)

Martin Abert (Fotos)
Winfried Bolik (Fotos)
Bettina Glaser (Fotos)
Martin Kaiser (Fotos)
Maarten Brinkgreve (Fotos)
Werner Morgenthal (Fotos)

weiterhin
Lisa Brzonkala
Ute Fröhlich
Franko Melis
Simon Loeser
Eira Reiche

homberger Str. 30
4130 moers 1
0 28 41-2 97 72
Lektorat: Helma Reimann
Gestaltung: Willi Klauke
Satz: ZERO Typografischer Betrieb
Druck: Fuldaer Verlagsanstalt
ISBN: 3-924690-19-7

Inhaltsverzeichnis

Über den Autor:

Hans-Jürgen Zwiefka
pantomimischer Lebenslauf

- geb. 1951 in Duisburg
- im dritten Schuljahr regelmäßige Strafarbeiten wegen clowneskem Verhalten
- 1972 Beginn der pantomimischen Aktivitäten in Bonn bei Geza Damosy

- Kursstudium u. a. bei Yves Lebreton, Yass Hakoshima, Werner Müller (Pan)
- Regelmäßige Beteiligung an Kursen und Aufführungen der LAG-Puppenspiel NRW; Schwerpunkte Marionetten, Schattenspiel, Straßentheater
- Kontaktimprovisation bei Georgo Peugot
- Durchführung von Kursen und Workshops in Pantomime, Menschenschattenspiel, Clownspiel und Slapstick für Volkshochschulen, Lehrerfortbildung und Kulturinitiativen
- Gründung des Pantomimenduos ,,Mimobil'', Aufführung der beiden Programme ,,Power-Pudding'' und ,,Mimokalypse — die illustrierte Weltgeschichte des Bewegungstheaters'' von 1982 bis 84
- Soloprogramm ,,Menschen — Typen — Menschen'', seit 1983 Aufführungen im In- und Ausland
- Inszenierung des Commedia dell'arte-Stückes ,,Ghiga'' mit Teilnehmern der VHS Troisdorf
- Inszenierung des selbstgeschriebenen Mimodramas ,,Oliver'' mit der Pantomimengruppe ,,Impuls''/Siegburg
- Durchführung von zwei Workshops mit norwegischen und deutschen Teilnehmern in Bergen/Norwegen und in Bonn (1986 und 87)
- Veröffentlichung des Buches ,,Pantomime — Ausdruck — Bewegung'' im Herbst 1987

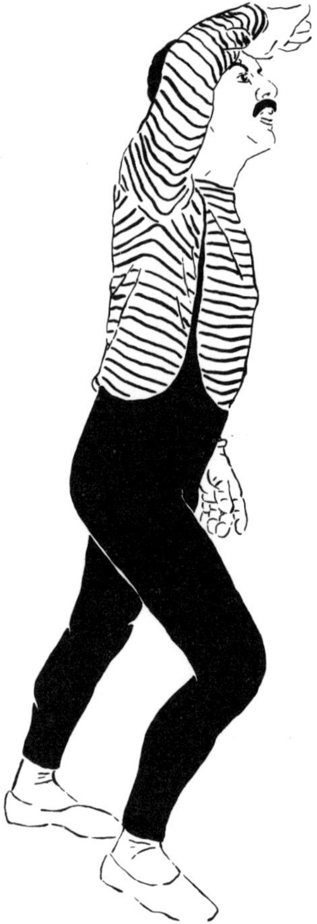

1. Vorwort

Oft werde ich gefragt, ob man denn als Pantomime überhaupt Geräusche oder verbale Sprache einbringen darf, ob die Verwendung von Requisiten erlaubt sei, ob man während des pantomimischen Vortrages einen echten Stuhl benutzen darf oder ihn pantomimisch darstellen muß. An solchen Fragen ist abzulesen, daß die Pantomime von den meisten Zuschauern als Gefüge aus strengen (Spiel-) Regeln gesehen wird, deren Einhaltung oberste Bedingung ist.

Mit dieser Beobachtung im ,,Hinterkopf'' ist es verständlich, wenn Pantomimeschüler mit zusammengekniffenen Lippen malende Gesten hervorbringen oder Umrisse von Gegenständen in die Luft zeichnen (nur nicht reden!).

Vorab gesagt: Ich bin nicht der Meinung, daß die Pantomime für jeden Inhalt die bestgeeignete Ausdrucksform ist. So kann der Spieler zwar zeigen, ob er einen Liebesbrief oder unangenehme Geschäftspost liest oder schreibt, der genaue Inhalt des jeweiligen Briefes ist jedoch schon sehr viel schwieriger pantomimisch zu vermitteln. Für manche Inhalte ist die verbale Sprache eindeutig das günstigere Mittel. Meist sind solche Details allerdings weniger wichtig. Es kommt viel mehr darauf an, daß die Gefühle der handelnden Personen durch stimmige Körperhaltungen glaubhaft ausgedrückt werden, daß wichtige Gegenstände pantomimisch deutlich gezeigt und die wesentlichen Teile eines Vorgangs herausgearbeitet werden. Dazu ist meiner Ansicht nach — um auf die anfangs gestellten Fragen zurückzukommen — jede Darstellungsform recht, die dabei hilft, die beabsichtigten Aussagen zu vermitteln. Oft ist dabei die Verwendung eines Requisits, wenn es überzeugend hergestellt und geschickt eingesetzt wird, von größerer Wirkung als eine rein pantomimische Darstellung. Auch Geräusch bzw. Sprache können die Wirkung einer Aussage verstärken, ohne daß die Darstellung dadurch gleich in die verbale Übermacht des Sprechtheaters entgleitet.

Während in meinem Buch ,,Pantomime Ausdruck Bewegung'' Möglichkeiten der Körperbewegung und der Pantomime im Mittelpunkt stehen, geht es in diesem Band um die Erweiterung des Körperausdrucks durch Geräusch, Sprache, Maske, Requisit und Licht, also um eine Verstärkung des gewünschten Ausdrucks durch geeignete Medien. Für diesen Zweck habe ich wieder eine Fülle von Übungen und Anregungen zusammengestellt. Sie sollen bei der Erprobung der genannten Hilfsmittel Darsteller und Spielleiter unterstützen, Material zur Verfügung stellen und zu eigenen Ideen inspirieren.

Pantomime
eine Übersicht

Grundlagen der Bewegung

Fixpunkt
Isolation
Gleichgewicht
An- / Entspannung
Atmung
Zentrum
Kontaktimprovisation

dramatische Improvisation

Gefühle durch Haltung ausdrücken
Echtheit der Darstellung
Schulung der Darstellungskraft
Erweiterung der Improvisationsfähigkeit
Entwicklung der Phantasie

Pantomimische Körpertechniken

imaginärer Gegenstand
imaginäre Fläche
imaginäre Linie
imaginäre Kugel
imaginäre Person
imaginärer Raum
imaginärer Kraft

Nachbargebiete

Tanz
Schauspiel
Straßentheater
Menschenschattenspiel
Requisitenspiel

2. Bewegung in Verbindung mit Musik, Geräusch und Sprache

Die drei Bereiche Musik, Geräusch und Sprache lassen sich nicht eindeutig gegeneinander abgrenzen. Sie gehen zum Teil fließend ineinander über. So liegt zwischen der Musik und der Sprache der Sprechgesang und die gesummte Melodie, zwischen Geräusch und Sprache Lautmalerei und Nonsenssprache, auch verschiedene aus dem Comicbereich übernommene Laute. Irgendwo zwischen Geräusch und Musik lassen sich manche Passagen moderner Musik ansiedeln (mir fällt dabei ein Werk von Josef Anton Riedel ein, das eine Passage enthält, die aus Abrollgeräuschen von Klebebändern besteht; Riedel (Paper Music). Wichtig erscheint mir in diesem Zusammenhang darauf hinzuweisen, daß ich den Begriff ,,akustische Untermalung'' für nicht zutreffend halte, da die genannten drei Bereiche mehr verkörpern als eine den Gesamteindruck abrundende Ergänzung, gewissermaßen dem ,,Tüpfelchen auf dem i''. Vielmehr muß die Musik sorgfältig ausgewählt und daraufhin untersucht werden, ob sie den Akteuren wertvolle Bewegungsimpulse liefern kann. Ist eine Aufführung beabsichtigt, sollte die Musikauswahl bereits in die frühen Erarbeitungsphasen einbezogen werden. Bei den beiden anderen Bereichen ,,Geräusch'' und ,,Sprache'' soll eine Wechselwirkung zustande kommen zwischen der akustischen und der Bewegungsebene: Letztere sollte Impulse aus dem akustischen Bereich aufnehmen und verarbeiten wie auch an ihn zurückgeben.

Musik:

— Am Anfang steht die **freie Bewegung nach Musik**. Dabei sind sehr rhythmische Musikstücke wie afrikanische Trommelrhythmen (Guem et Zaka Percussion), auch orientalisch angehauchte Klänge (Jon Lord: Sarabande), geeignet, um sich gemeinsam in der Gruppe lockern zu lassen. Darin besteht eine sehr angenehme Art, sich nach konzentrierten Übungen auszutoben oder nach längeren Zwischengesprächen den Kopf ,,freizutanzen''. Weitere geeignete Musik findet man auch im Jazzbereich (Jan Garbarek Bob Stenson Quartet: Dansere), wobei diese Melodien meist einen ruhigeren, ich-bezogeneren Tanzstil bewirken.
— Grundsätzlich kann man in zwei Formen auf die Musik reagieren: Man kann in Tempo, Rhythmus und Charakter des Stückes **mit der Musik** oder — was schwieriger ist — **gegen die Musik** spielen. Ergebnis könnte also im letzteren Fall eine Zeitlupenbewegung zu einem schnellen Trommelsolo sein oder umgekehrt eine beschleunigte Bewegungsphase innerhalb einer sphärischen Klangreihe.
— Eine Aufgabe, die schnelle Reaktion erfordert, besteht darin, daß beim Aussetzen der Musik abrupt die Bewegung eingefroren wird, also ins

Stehbild übergeht. In differenzierterer Form läßt sich die Übungsanweisung auch dergestalt abwandeln, daß **die Bewegung der Lautstärke der Musik entsprechen** soll. Je leiser die Musik wird, desto kleiner und langsamer wird die Bewegung der Gruppe im Raum, bis hin zum Stehbild, wenn die Musik nicht mehr zu hören ist.

— Eine wichtige Aufgabenstellung besteht in der Umkehrung der letztgenannten: **Je leiser die Musik wird, desto stärker füllt die Bewegung den Raum.** Die höchste Bewegungsdynamik wird hier in der Phase akustischer Stille erreicht. Bewegung und Musik lösen einander ab.

— Die Umsetzung der Musik kann **auf einzelne Körperbereiche oder Körperteile begrenzt** werden. Der Arm tanzt als Schlange zu einer orientalischen Musik. Oder als Märchen von den verzauberten Schuhen: Du ziehst ein Paar Schuhe an, die sich plötzlich auf eine Melodie hin selbständig machen und durch den Raum tanzen, ohne daß du einen Einfluß auf sie hast.

Geräusch:

— Die einfachste Form der Anwendung von Geräuschen besteht in der **Akzentuierung durch Körpergeräusche**. Diese Möglichkeit wird auch in der Pantomime gebraucht, wenn etwa ein Bogenschütze den Abschuß nicht allein durch das Loslassen des imaginären Pfeiles darstellt, sondern durch ein gleichzeitiges Aufstampfen mit dem Fuß wirksam unterstreicht. In gleicher Weise kann man das Fangen eines Balles darstellen. Andere Körpergeräusche sind das Händeklatschen und das Schlagen der Handfläche gegen den Körper.

— Eine Fülle von Geräuschmöglichkeiten ergibt sich bei Zuhilfenahme entsprechender **Geräuschinstrumente**, die ihrer Einfachheit wegen zum großen Teil selbst hergestellt werden können: reisgefüllte Blechdosen, Schlaghölzer, Saiteninstrumente mit Holzkisten als Resonanzkörper und viele andere. Mögliche Aufgabenstellung: Die Gruppe wird halbiert. Eine Hälfte steht auf der Spielfläche, die andere sitzt am Rand. Jeder in der sitzenden Gruppenhälfte sucht sich ein Geräuschinstrument aus und erzeugt damit Geräusche als Bewegungsvorlage für einen (vorher abgesprochenen) Partner aus der Tanzgruppe. Nach einiger Zeit erfolgt ein Wechsel in der Art, daß nun der tanzende Partner die Bewegung vorgibt und der andere sich in der Geräuschabfolge an diesen Bewegungen orientiert. Im letzten Drittel der Übung erfolgt das Zusammenwirken frei. Es gibt keine vorbestimmte Führung mehr, sondern beide Partner versuchen, aufeinander einzugehen.

Diese Art des Zusammenwirkens zwischen Bewegung und Geräusch ist thematisch umsetzbar. Der sich bewegende Partner spielt eine einfache Alltagshandlung wie „Wäsche aufhängen", „ein Auto reparieren", „eine Mahlzeit zubereiten" . . ., durch passende Übereinstimmung mit den dazu erzeugten Geräuschen läßt sich Komik erzeugen.

— Der dritte zu erwähnende Bereich ist der Einsatz von Geräuschen mit Hilfe von **Tonband oder Cassette**. Beispiel: Der Spieler wedelt sanft mit der Hand hin und her, vom Band ertönt währenddessen Wasserglucksen. Der Spieler sitzt auf dem Stuhl und legt mit der imaginären Schaltung einen Gang ein, vom Band ertönt Motorengedröhn. Ebenso entstehen knarrende Türen, das Klacken von Tischtennisbällen oder das Plätschern einer Dusche durch **Synchronisation zwischen Spieler und Tonbandgeräusch**. Es versteht sich von selbst, daß die Wirkung solcher Abläufe auf exakter Synchronität beruht, also genau einstudiert werden muß, falls man zur Aufführung gelangen will. Der Spieler muß die Zeitabläufe verinnerlicht haben.

Mit Hilfe dieser Technik kann man auch absurde Vorkommnisse darstellen. Beispiel: Das Auto streikt. Der Fahrer öffnet die Motorhaube, da hört man Löwengebrüll. Oder jemand sitzt auf der Toilette und zieht ab, es ertönt ein Glockengeläut. Oder es werden mehrere Türen geöffnet, und jedesmal ist etwas anderes zu hören wie Meeresbrandung, Donnergrollen oder Bienensummen. Hier sind der Phantasie keine Grenzen gesetzt.

Sprache:

Ich unterscheide hier zwischen a) Stimmlaut und absurde Sprache und b) Sinnsprache. Die Stimme ist ein Körperteil wie andere auch. Deshalb sehe ich keine Veranlassung, sie im Bewegungstheater nicht einzusetzen, lediglich die absolute Vorherrschaft der verbalen Sprache wird gebrochen.

a) Stimmlaut und absurde Sprache

— **Lautimprovisation.** Die Gruppe steht im Kreis, zur besseren Konzentration sind die Augen geschlossen (bzw. kann die Übung im dunklen Raum gemacht werden). Jemand erzeugt einen beliebigen Laut. Dieser wird von den anderen Mitgliedern der Gruppe aufgegriffen und variiert. **Variationsmöglichkeiten** gibt es dabei in der Tonhöhe, in der Tondauer, in der Lautstärke und der Aufeinanderfolge der Töne. Wenn der Spannungsbogen sich seinem Ende zuneigt, gibt jemand einen neuen Laut ein usw. Der angenehme Nebeneffekt dieser Übung ist die Beruhigung des Atems, die für nachfolgende Übungen entspannte Ruhe schafft.

— Die Gruppe spricht nacheinander alle **Vokale** so gedehnt, daß mit dem Ende des Lautes die ganze Atemluft verbraucht ist. Zum Schluß wird mit einem Atemzug a-e-i-o-u gesprochen und zwar so, daß die Vokale langsam ineinander übergehen.

— Die Gruppe sitzt im Kreis. Ein Spieler beginnt, indem er seine **Stimme aus dem Bauch an die Nase von . . . weitergibt.** Dieser Spieler verfährt ebenso, das heißt er gibt nun seine Stimme aus der Nase weiter an (Körperteil) von . . . usw. Jeder Spieler soll seine Stimme dabei so gestalten, daß er sie als aus dem Bauch, der Nase, . . . kommend empfindet.

— Die Gruppe geht im Kreis. Auf ein Zeichen hin kommen alle in der Kreismitte zusammen und bewundern dort einen schönen Gegenstand mit einem **Laut der Freude** (z. B. aaah . . .). Es kann auch ein vorgestellter Gegenstand sein. Nun wird der Gegenstand fortgenommen (oder die Spieluhr ausgeschaltet), die Gruppe reagiert enttäuscht (oooh . . .). Da sieht die Gruppe plötzlich eine häßliche Spinne (iiiieh . . .).

— **Gesten — Echo.** Die Gruppe sitzt im Kreis (Schneidersitz). Der Spielleiter gibt eine Alltagsgeste mit dem dazugehörigen Ausruf vor.
Beispiele:
Was ??? (vorgebeugter Oberkörper, Kopf weit nach vorn)
Nein, nein, nein! (verschränkte Arme, Kopfschütteln)
Oooh doch! (energischer Schlag mit der flachen

Beim Spielen mit der Figur nimmt das Kind die entsprechende Körperhaltung an

Hand auf den Oberschenkel)
Ach nee! (Kopf ironisch zur Seite gebeugt, Augenbrauen hochgezogen)
Ich hab's! (Körper gestreckt, Zeigefinger erhoben)
Die Gruppe wiederholt jede Vorgabe mit Ton und Bewegung. Nach kurzer Zeit ist dieser Ablauf eingespielt, und die Vorgaben können abwechselnd von verschiedenen Gruppenmitgliedern erfolgen.

— **Gerüchteküche.** Die Gruppe kommt in der Mitte zusammen. Irgendjemand aus der Gruppe bringt ein Gerücht ein, dessen Inhalt er nur mit Lautmalerei zu vermitteln versucht. Die Gruppe reagiert entsprechend dem verstandenen Inhalt des Gerüchtes (wütend, belustigt, zweifelnd, gelangweilt, schadenfroh, unternehmungsfroh . . .) und bringt ihre Gemütsverfassung auch in Lauten zum Ausdruck. Jeder trägt auf diese Weise ein Gerücht in die Gruppe.
— **Fabeltier / Maschine.** Jeweils eine Vierergruppe stellt gemeinsam ein Fabeltier / Maschine dar, und zwar mit Bewegung und Laut.
— **Rednerpult.** Drei Redner erhalten je einen Laut (bep, kidop, töneken). Einer von ihnen beginnt seine Rede, in dessen Verlauf er nur seinen Laut in verschiedenen Variationen benutzen darf, die beiden anderen unterbrechen ihn und stellen Zwischenfragen, lassen sich auf hitzige Diskussionen ein — ebenfalls nur mit ihrem Laut.

b) Sinnsprache

— **Collage.** Dazu werden zwei Stapel von Aufgabenkarten benötigt. Der erste Stapel enhält **Bewegungsaufgaben** verschiedenster Art (z. B. spiele ein Segelflugzeug, jogge, lackiere einen Zaun, übe Karate, schlage einen Nagel in die Wand . . .). Der zweite Stapel enthält **Texte** (Gedichtzeilen, Sprüche, Redensarten, Liedtexte . . .) Jeder Spieler nimmt sich jeweils eine Karte aus jedem Stapel und spielt seine Bewegungsaufgabe, während er dazu in Variationen immer wieder seinen Text spricht. Noch absurder ist die Wirkung, wenn mehrere Spieler gleichzeitig agieren.

— **Supermarkt.** Jedes Gruppenmitglied sucht **drei Sätze**, die mit dem Thema ,,Supermarkt'' zusammenhängen. Alle drei Sätze oder Ausrufe können völlig unabhängig voneinander sein. Beispielsätze: Das Gedränge hier macht mich nervös. Ach ja, und Milch! Die Erdbeeren sind viel zu teuer! Entschuldigung! Habe ich jetzt alles! Können Sie nicht aufpassen? Hoffentlich habe ich genug Geld! Sonst waren hier doch immer Pilze . . . Anschließend nimmt jeder ein Stehbild innerhalb der Aufgabenstellen ,,Supermarkt'' ein. Das Spiel beginnt, indem sich ein Spieler oder auch mehrere gleichzeitig aus dem Stehbild lösen und pantomimisch zu spielen beginnen. Dazwischen kann jeder — völlig zusammenhanglos — einen seiner drei Sätze ausrufen und dann weiteragieren. Wenn es sich ergibt, kann ein anderer Spieler mit seinem Satz antworten, ein weiterer Spieler seinen Satz dazufügen. Dadurch werden völlig absurde Dialoge geschaffen.

— **Lüge.** Zwei Personen sitzen einander gegenüber in der Situation eines Vorstellungsgesprächs zwischen Chef(in) und Bewerber(in). Hinter jedem der beiden Stühle steht eine weitere Person, welche den inneren Text, also die Gedanken der vor ihm sitzenden Person formuliert. Dabei ist es anfangs zweckmäßig die Reihenfolge festzulegen in der die vier Personen reden, also beispielsweise Person A — innere Stimme A — Person B — innere Stimme B — Person A usw.

— **Konflikt.** (s. Zwiefka, Pantomime, Ausdruck, Bewegung, S. 60-61)

3. Bewegung und Requisit / Material

Die Fülle von möglichen Requisiten, durch die sich das Bewegungsspiel bereichern läßt oder von denen wertvolle Bewegungsimpulse ausgehen, ist nahezu unerschöpflich. Die hier dargestellte Auswahl ist infolgedessen als Anregung zu verstehen, weitere Experimente zu machen, sowie als Zusammenstellung von erprobten Beispielen.

Stäbe:

— Je zwei Spieler agieren einzeln mit einem Stab, wobei versucht wird, die beiden Szenen zu einer gemeinsamen zusammenzuführen. (Beispiel: Ein Partner macht aus seinem Stab ein Ruder, der andere ein Fernrohr. Gemeinsam entsteht eine Szene auf einem Boot.)

— Beide Partner stellen mit ihren Stäben einen gemeinsamen Gegenstand dar (eine Bahre tragen, ein Tandem fahren . . .) Innerhalb der gemeinsamen Szenenfolge kann die Bedeutung der Stäbe wechseln.

— Jeder der beiden Partner nimmt eine ausgefallene Position mit seinem Stab ein. (Diese Position kann auch durch andere Mitspieler geformt werden.) Im Wechsel verändert jeweils ein Partner seine Position, bewegt sich eine kurze Zeit lang und endet in einem neuen Stehbild. Jetzt bewegt sich der Partner usw. Zusammen mit einer geeigneten Musik (Filmmusik zu dem Film ,,Diva'') entstehen ausdrucksstarke Bilder, teils spielerisch, teils dramatisch.

Tücher:

Als Kontrast zu den harten Stäben ist das Spiel mit weichen, luftigen Tülltüchern geeignet, die ganz andere Bewegungen bewirken als die Stäbe. Hier braucht keine weitere Aufgabe gestellt zu werden, als

Improvisation mit Stäben

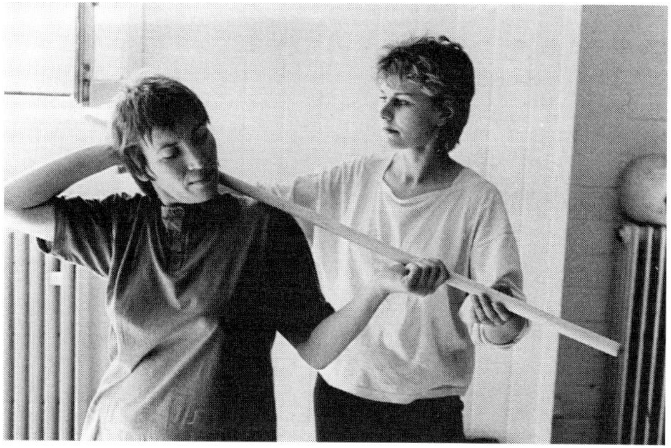

mit den Tüchern zu tanzen. Daraus ergeben sich so mannigfaltige Bewegungen des Hochwerfens und Fangens, des Mitführens mit verschiedenen Körperteilen, daß keine Ideenarmut zu befürchten ist. Sehr schöne Bilder ergeben sich auch, wenn sich mehrere Partner zusammenfinden und ihre Tücher miteinander kreisen lassen.

Kissen:
Obwohl Kissen auch weich sind, haben sie doch ein größeres Gewicht als Tücher und eignen sich aus diesem Grund zum Zuwerfen und Fangen. Weiterhin kann man sie gut balancieren oder am Körper festklemmen. Mögliche Aufgabenstellung: Fließende Übergabe der Kissen zwischen den Spielern während des Tanzens.

Tablett:
Während des Tanzens wird auf einer oder auf beiden Handflächen ein Tablett mitgeführt und in origineller Weise über dem Kopf oder um den Arm gedreht. Gestaltungsideen für eine Restaurantszene ergeben sich hier fast zwangsläufig.

Sieb, Topf:
Hier assoziieren Form oder Verwendung eines Gegenstandes die Bewegungsidee. Das Sieb ist wasserdurchlässig, die Bewegungsidee könnte sein, Wasser darzustellen, das durch ein Sieb tropft. Das herausragende Merkmal des Topfes kann sein Henkel sein. Das Nachbilden der charakteristischen Henkelform mit dem Körper könnte der Bewegung zugrundeliegen.

Stuhl:
Der Stuhl ist ein vielseitiges Requisit, das sich besonders im Clownstheater großer Beliebtheit erfreut. Mögliche Spielthemen:

— Der Stuhl wird während des Spieles als etwas völlig anderes benutzt, nur eben nicht als Stuhl.
— Jeder Spieler stellt pantomimisch einen wichtigen Grund dar, warum er sich jetzt sofort auf diesen Stuhl setzen muß (Fuß verstaucht, müde vom langen Marsch, Schuhriemen zubinden . . .)
— Ein Spieler sitzt auf dem Stuhl. Ein weiterer Spieler versucht mittels einer pantomimisch gespielten Idee, den Stuhl für sich zu gewinnen. Der sitzende Partner spielt in der Szene mit und kann sich nach eigenem Ermessen unnachgiebig verhalten oder — bei einer originell vorgebrachten Spielidee — das Feld räumen. In diesem Fall ist die Reihe am nächsten Spieler, eine neue Idee zu spielen usw.
— In ähnlicher Weise: Ein Zimmer enthält zwei bis drei unbequeme Stühle und einen bequemen Sessel. Natürlich ist jeder der Anwesenden ,,scharf'' auf den bequemen Stuhl und läßt sich keine List entgehen, um sein Ziel zu erreichen.

Koffer, Stock, Hut:

— Agenten bespitzeln einander, schleichen umeinander herum, versuchen sich unauffällig zu benehmen und fallen dadurch erst recht auf.

— Abschied: Drei verschiedene Typen verabschieden — jeder für sich — einen Freund, der mit dem Zug davonfährt. Beispiel: Typ A (feiner Herr) steht auf einem Stock gestützt und blickt dem Fahrenden nach. Typ B (Überschwenglicher) steht auf seinem Koffer und wedelt mit dem Stock in der Luft. Typ C (Säufer) hält sich krampfhaft an seinem Stock fest und schwenkt den Hut.

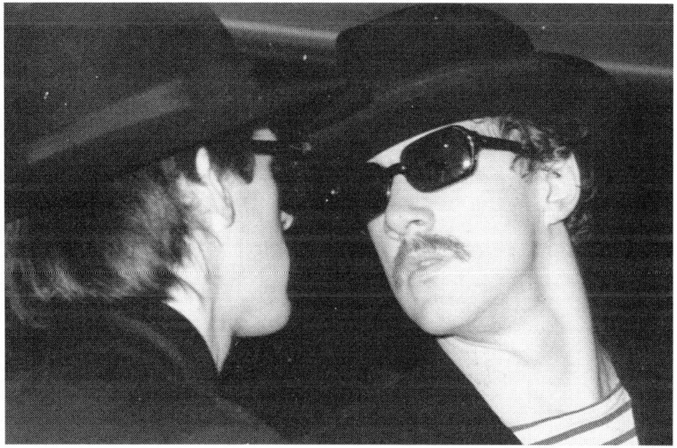

Agenten bespitzeln sich

Requisit: Ritterhelm aus Waschmitteleimer

Szene aus ,,Oliver'': Der geldgierige Manager badet im Geld

Requisit: Die Stellwand

Verschiedene Gegenstände des Alltags:

— ,,Entwicklungshilfe''. Jemand kommt zu einem Eingeborenenstamm im australischen Busch und bringt diesem Gegenstände mit. Die Eingeborenen finden aber für jeden der mitgebrachten Gegenstände eine originellere Verwendungsweise als die ursprünglich vorgesehene.

Apfel:

- Magic apple: Die Gruppe schleicht umeinander herum. Wer hat den magischen Apfel? Der, der ihn hat, flieht. Er reckt seine Hand in die Luft. Jemand anderes bekommt den Apfel . . .
- Jeder hat einen Apfel vor sich liegen. Aufgabe ist es, mit diesem Apfel zu spielen, ihn zu erkunden. Das Spiel ist dann beendet, wenn der erste Spieler in seinen Apfel hineinbeißt.

Sollen Requisiten für eine Aufführung hergestellt werden, ist auf die Prägnanz in Form und Farbe zu achten. Einfache geometrische Grundformen können hervorragende Wirkung erzielen. (Die hervorragenden Gebilde der Gruppe „Mummenschanz" sind ein Beispiel dafür.)

Eindrucksvolle Beispiele für die Verschmelzung von Körperbewegung, Material und Licht zu einer künstlerischen Gesamtaussage zeigt das Grifteater aus Amsterdam mit seinen Stücken „Nadir" und „Caoutchouc".

Das Stück „Caoutchouc" vom Grifftheater

Dem Zuschauer werden keine vorgefertigten Inhalte übermittelt, sondern es werden Situationen erzeugt und Bilder geschaffen, die im Zuschauer eigene Assoziationen auslösen, teils betörend, teils einhämmernd (vgl. dazu ,,Pantomime Ausdruck Bewegung'', S. 6). Die Vielfalt dieser Bilder ist mir noch lange nach den Aufführungen in Erinnerung geblieben.

In ,,Nadir'' wird ein Spannungsfeld zwischen den agierenden Personen, dem Raum und Skulpturen aufgebaut, die durch Rodin, Escher und Helion inspiriert sind. Es entstehen räumliche Illusionen und überraschende Wandlungen der Gegenstände durch Veränderungen von Komposition, Blickwinkel und Beleuchtung.

,,Caoutchouc'' (Kautschuk) ist das Ergebnis einer konsequenten Umsetzung gestalterischer Möglichkeiten, die der Charakter des Materials bietet. Die Grenze zwischen Mensch und Material verschwimmt: Das Material beginnt zu leben, die agierenden Darsteller werden zum lebenden Bühnenbild. Beziehungen und Gefühle werden von den beiden Darstellerinnen auf mannigfache Weise zum Ausdruck gebracht, auf dem weiten Experimentierfeld zwischen Spannung und Komik.

Hannika Luitwieler vom Grifftheater

4. Maskenspiel

Dieses Gebiet ist so reichhaltig, so faszinierend, daß es — ausführlich behandelt — ohne weiteres Material für ein eigenes Buch hergeben würde. Ich habe in diesem Kapitel — wiederum als Anregung zu verstehen — einige erprobte Maskenübungen und -spiele zusammengefaßt, die innerhalb eines Kurses zum Bewegungstheater durchgeführt werden können. Vielleicht sind die Teilnehmer so begeistert von diesem Thema und können so viele Ideen dazu beitragen, daß eine weitergehende Beschäftigung damit gewünscht wird.

Den besonderen pädagogischen Wert des Maskenspiels machen folgende Punkte aus:

— Maskenspiel geht auf ein **ursprüngliches Bedürfnis** des sich Verkleidens und in eine andere Rolle Schlüpfens zurück (wie auch das Schminken). Es beinhaltet so wichtige persönliche und gestalterische Ausdrucksmöglichkeiten, daß eine Befreiung der Maske von rein karnevalistischen Assoziationen wünschenswert ist.

— Das Spiel mit den Masken enthält ein **befreiendes Element** und wirkt Spielhemmungen entgegen: Der Spieler kann sich hinter seiner Maske verstecken und erfährt dadurch das Sicherheit vermittelnde Gefühl, unsichtbar zu sein, mit der Folge, daß das Spiel freier, ungezwungener verläuft als ohne Maske. Somit kann man Maskenspiel auch — besonders bei Kindern — an den Anfang setzen als Übergangsstufe zum Pantomime- oder Theaterspiel ohne Maske.

— Maskenspiel hilft dabei, die **Präzision der Körpertechnik** zu erhöhen. Was man nicht mehr über die Gesichtsmimik vermitteln kann, muß durch Körperhaltung und Bewegung ausgedrückt werden. Nicht ohne Grund nennt Soubeyran die Maske „Hohe Schule der Pantomime" (Soubeyran: Die wortlose Sprache, S. 92). Eine wertvolle Hilfe stellt die Maske beispielsweise bei der Erarbeitung der pantomimischen Kraft dar.

— Sowohl im Maskenbau als auch im Maskenspiel liegt eine große **Abstraktionsaufgabe**, zeichnet doch gerade die Beschränkung eine gut gelungene Maske aus. Abstraktion ist hier zu verstehen im Sinne von Weglassen des Unwesentlichen bei gleichzeitiger Verstärkung des Wesentlichen. „Der Spieler muß die Maske von innen her lenken und dieser toten Masse Leben verleihen wie ein Marionettenspieler seinen Puppen Leben verleiht." (Soubeyran: Die wortlose Sprache, S. 93)

In dieser Aufgabe liegt etwas Faszinierendes und Aufforderndes. Der mystische Charakter der Maske ist bekannt aus anderen Kulturkreisen, in denen die Maske eine Bedeutung im Bereich von Religion, Zauberei usw. besitzt. Ich habe im folgenden unterschieden zwischen der pantomimischen Maske (unbewegliche Grimasse) und Maske als Requisit.

4.1 Vorübungen mit der ,pantomimischen Maske'':

- Die Gruppe sitzt im Kreis (Schneidersitz). Das Gesicht ist entspannt, der Gesichtsausdruck neutral. Zur Entspannung der Gesichtsmuskeln kann eine vorherige Gesichtsmassage beitragen, die jeder an sich selbst oder — wenn die Gruppe etwas vertrauter miteinander ist — an einem gegenüber sitzenden Partner durchführt. Nun übt jeder eine Vielzahl von ,,pantomimischen Masken'', kommt aber zwischen zwei Masken immer wieder zum neutralen Gesichtsausdruck zurück. Nach einer Phase des für sich selbst Übens zeigt jeder der Gruppe seine Masken, die er auf- und absetzt, indem er während des Gesichtswechsels beide Handflächen vor das Gesicht hält und die anderen dadurch nur die fertige Maske, nicht aber die Wechsel mitbekommen.
- Masken übernehmen. Jemand gibt eine Maske an seinen Nebenmann weiter. Dieser versucht, die ihm übergebene Maske exakt nachzustellen. Wenn der übergebende Partner durch Kopfnicken sein okay gibt, ist die Maske zufriedenstellend übernommen, der Empfänger dreht jetzt sein Gesicht langsam zum nächsten Partner weiter, wobei er während der Drehung die Maske allmählich verändert, so daß er letztlich eine völlig andere Maske weitergibt als die erhaltene usw.

— Die Gruppe geht — jeder mit einem unveränderlichen Gesichtsausdruck, einer festen Maske — im Raum umher. Dabei ist es manchmal ungeheuer schwierig, den Gesichtsausdruck beizubehalten, weil man sich, Auge in Auge mit so vielen merkwürdigen „Masken", bisweilen das Lachen kaum verkneifen kann.

— Partnerübung. Beide Partner sitzen einander gegenüber. Einer hält einen Bogen Pappe zwischen die Gesichter, der nach einigen Sekunden weggezogen wird. Während die Pappe bei den Spielern den Ausblick auf das Gesicht des anderen verdeckt, wird eine extrem andere Maske aufgesetzt (Gesichtswechsel).

— Maskenhändler. Auf dem Tisch liegt eine Anzahl imaginärer Masken. Während der Maskenhändler auf Masken deutet, berät, einen Spiegel vorhält usw., probiert der Kunde jede Maske einzeln aus (die Handflächen verdecken den Wechsel), dabei steigert er die Geschwindigkeit des Maskenwechsels.

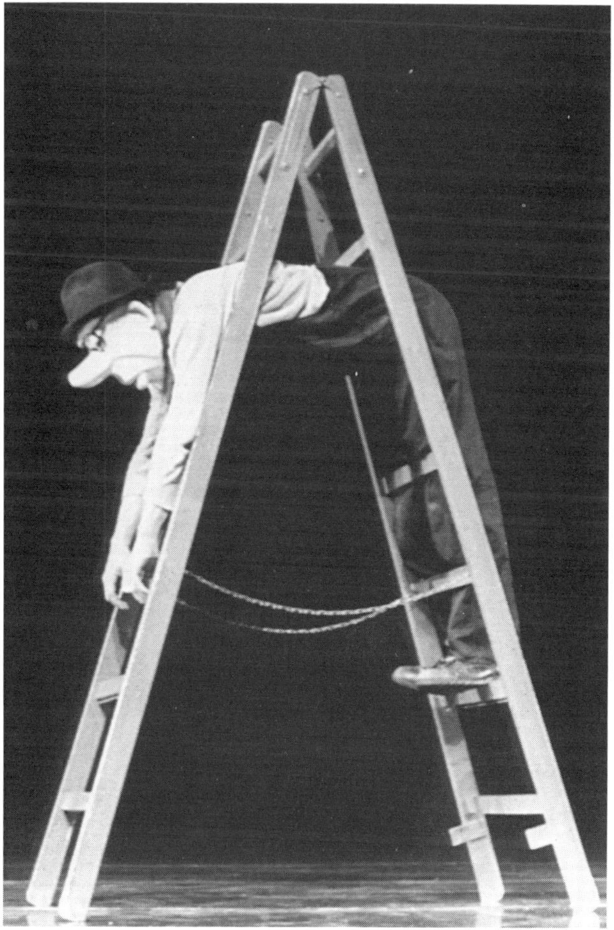

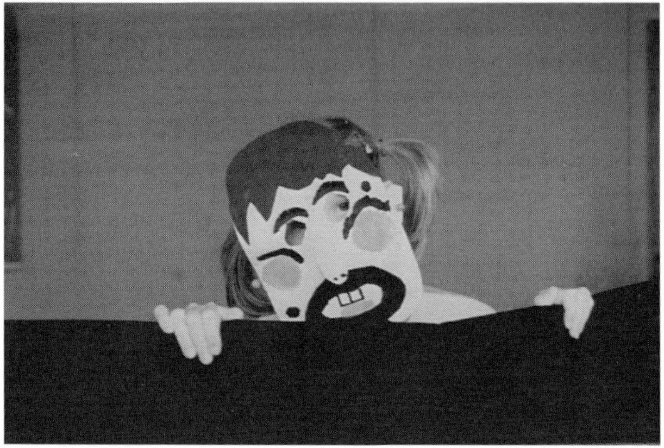

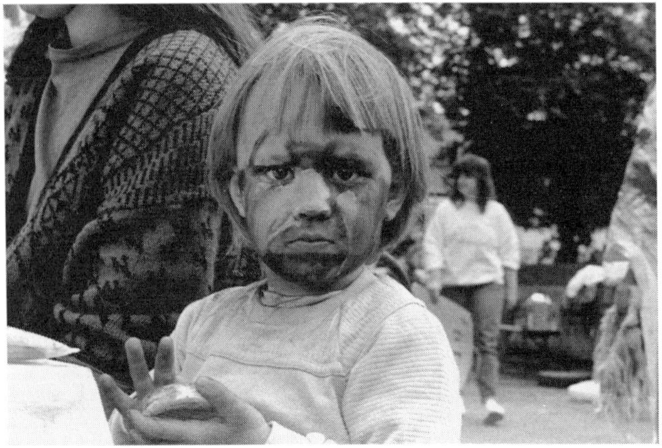

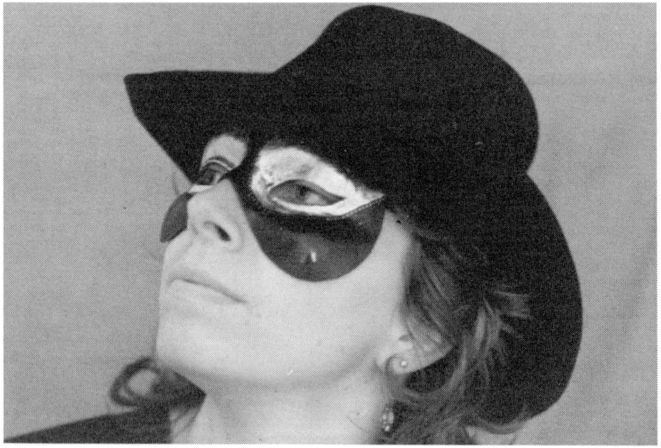

4.2 Die ,,echte'' Maske

Als echte Maske bezeichne ich, im Gegensatz zur pantomimischen, eine aus Material gestaltete Maske, und zwar

a) Die Schminke

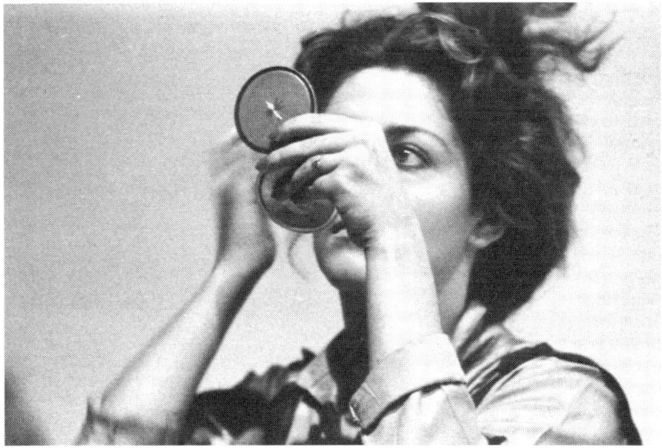

b) Die Verhüllung, die zumeist aus Stoff oder anderen leichten Materialien besteht und z. B. zur Darstellung von nicht menschlichen Gestalten verwendet werden kann.

c) **Die neutrale Maske**, die zunächst leblos wirkt und erst durch den Spieler eine Charakterisierung erfährt.

d) Die Charaktermaske, deren Merkmale durch die Gestaltung schon zum großen Teil vorgeprägt sind und die daher nicht so universell einsetzbar ist wie die neutrale Maske.

Nicht immer ist es möglich, in einem Kurs selbst Masken zu bauen. Dann kann man aus dünnem Kunststoff gefertigte Masken verwenden, die es zu kaufen gibt, oder auch Commedia dell'arte-Masken, um ein Gefühl für das Spiel mit Masken zu bekommen.

Viele Themen, die als Bewegungsthemen gespielt werden, lassen sich auch als Maskenspiel darstellen. Weiterhin sind auch die nachfolgenden Themen möglich:

— **Kino:** Verschiedene Personen sitzen auf einer Stuhlreihe (im Kino) und sehen einen Film mit Marylin Monroe (Musik von Monroe: I want to be loved by you. Kinoatmosphäre durch Lichtflackern eines Scheinwerfers). Jede dieser Personen reagiert anders auf den Film. Da sitzt der begeisterte Monroe-Fan, der sich vor Ergriffenheit und Bewunderung fast aufzehrt, neben einem Gelangweilten, der offensichtlich nur aus Sympathie zum Freund / zur Freundin mitgegangen ist. Dann wäre da noch der Spaßvogel, der den Film gar nicht recht ernst nehmen kann und sich über das Verhalten der anderen Zuschauer belustigt, und schließlich der nüchterne Wissenschaftler, der diesem Film Informationen für eine wissenschaftliche Abhandlung über die Filmmusik der Fünfziger Jahre entnehmen will.

— **Flirt:** Ein Pärchen sowie eine Einzelperson sitzen gemeinsam auf einer Parkbank. Hinter dem Rücken des Partners beginnt eine Pärchenhälfte, mit der dritten Person zu flirten, zuerst unmerklich, dann heftig. Der Partner reagiert mißtrauisch bis eifersüchtig, vielleicht auch gelangweilt und gleichgültig. Natürlich sind auch Überraschungseffekte möglich . . .

— **Party:** Hier kann bildlich dargestellt werden, daß jeder Gast eine Rolle spielt, eine Maske trägt. Dazu eignen sich Masken, die an Stäben vor das Gesicht gehalten werden und bei Bedarf schnell wieder abgenommen werden können.

— **Zwischenfall in der Straßenbahn:** Eine Frau fällt plötzlich in Ohnmacht. Die anderen Fahrgäste mischen sich ein, versuchen zu helfen, sind ratlos . . . An der nächsten Station steht die Frau auf und steigt aus, ohne die anderen Fahrgäste zu beachten, die ihr verwirrt hinterherblicken.

— **Museumsführung:** Der Museumsführer führt die Gruppe, treibt zur Eile an, erläutert mit ausschweifenden Gesten. Die Museumsbesucher hetzen mit, bewundern, staunen oder verhalten sich ablehnend . . .

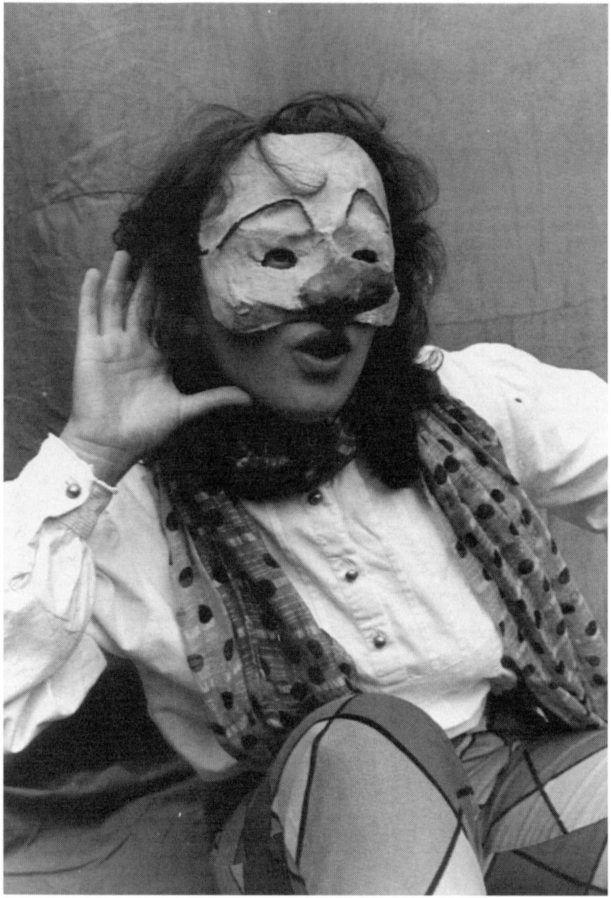

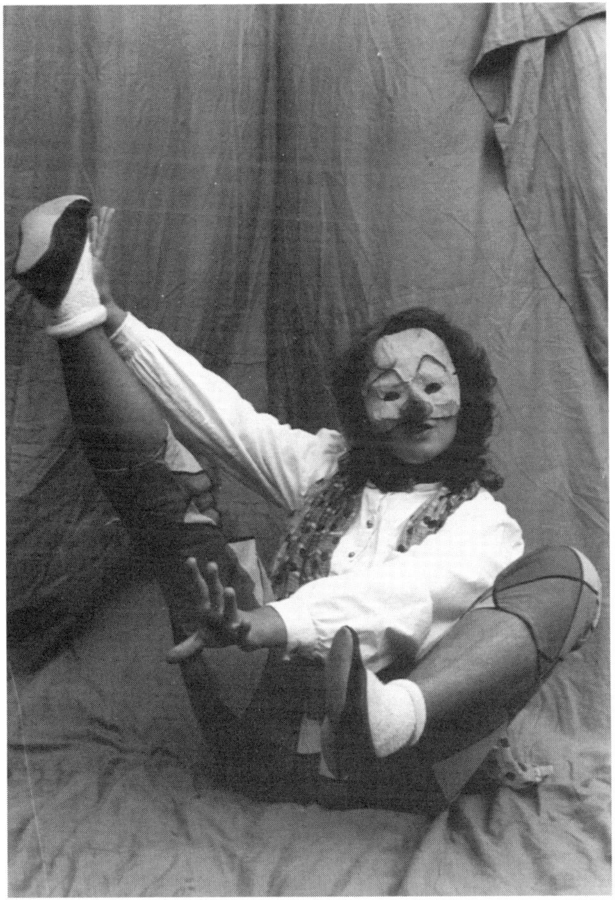

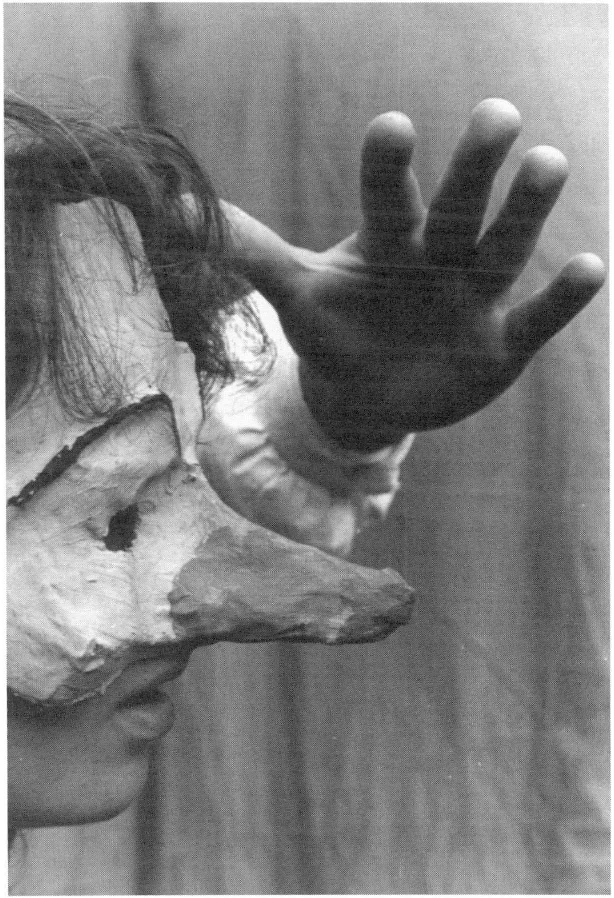

— **Wartezimmer:** Die Atmosphäre des sich Langweilens und schüchtern aneinander Vorbeischauens, der ungeduldige Blick auf die Uhr, das Wippen mit den Füßen. Die Bewegungen müssen reduziert, aber präzise sein.
— **Eine neue Erfindung** wird dem staunenden Publikum vorgestellt. Der selbstsicher auftretende Erfinder muß sich gegen eine ungläubige Zuschauergruppe behaupten, Zweifel beseitigen.
— **Gerichtsverhandlung:** Jeder Beteiligte tritt gemäß seiner Rolle, seinem Status in Aktion. Der Angeklagte, um den es am meisten geht, wird kaum beachtet.

Tips zur Erarbeitung des Maskenspiels:
— Betrachte die Maske eine Weile, ziehe sie dann langsam auf und nimm dir etwas Zeit, um dich auf deine Rolle einzustimmen.
— Spiele immer so, daß dein Gesicht dem Publikum zugewandt ist, höchstens mit einer leichten Kopfdrehung nach rechts oder links. Es desillusioniert, wenn der Zuschauer den Hinterkopf des Maskenspielers sieht.
— Spiele noch langsamer und deutlicher als ohne Maske!
— Berühre die Maske nicht mit den Händen, während du spielst!
— Gib unter der Maske keine Laute von dir (Ausnahme: Halbmasken)
— Vergewissere dich vor dem Betreten der Spielfläche, daß die Maske gut sitzt und nicht verrutschen kann und daß du durch die Augenschlitze genug sehen kannst.
— Beachte, daß die Maske deine Atmung einschränkt.

Habbe und Meik

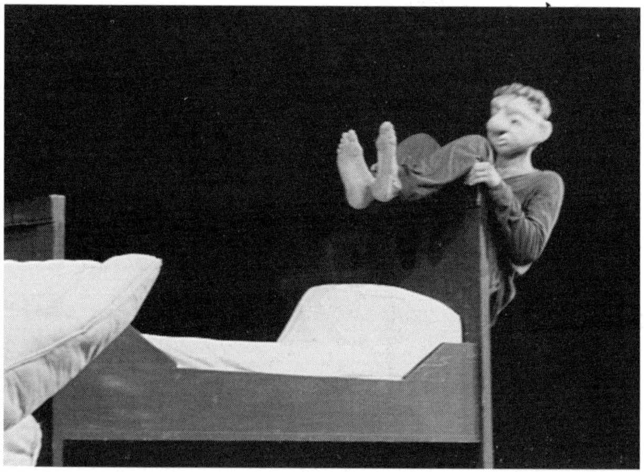

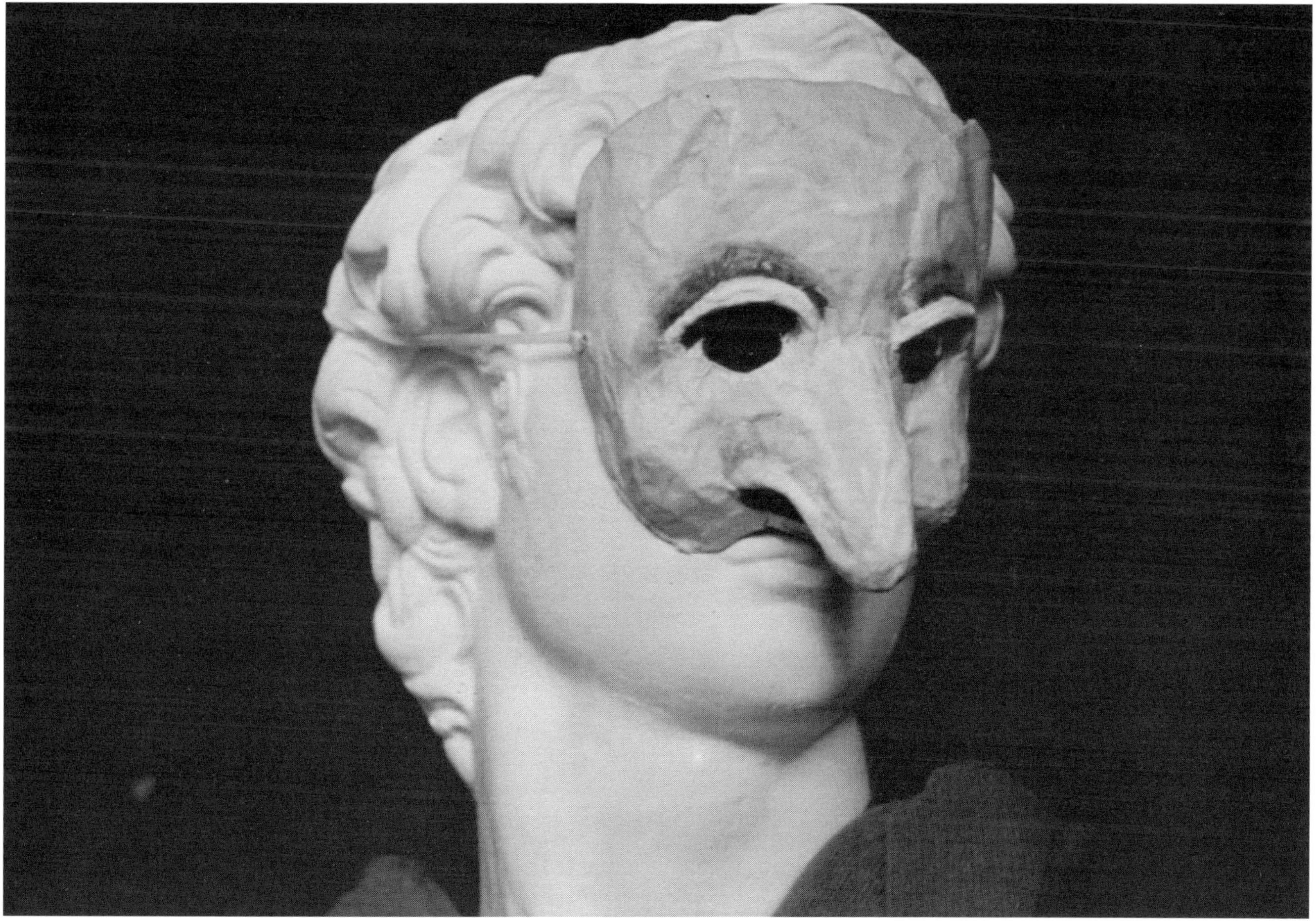

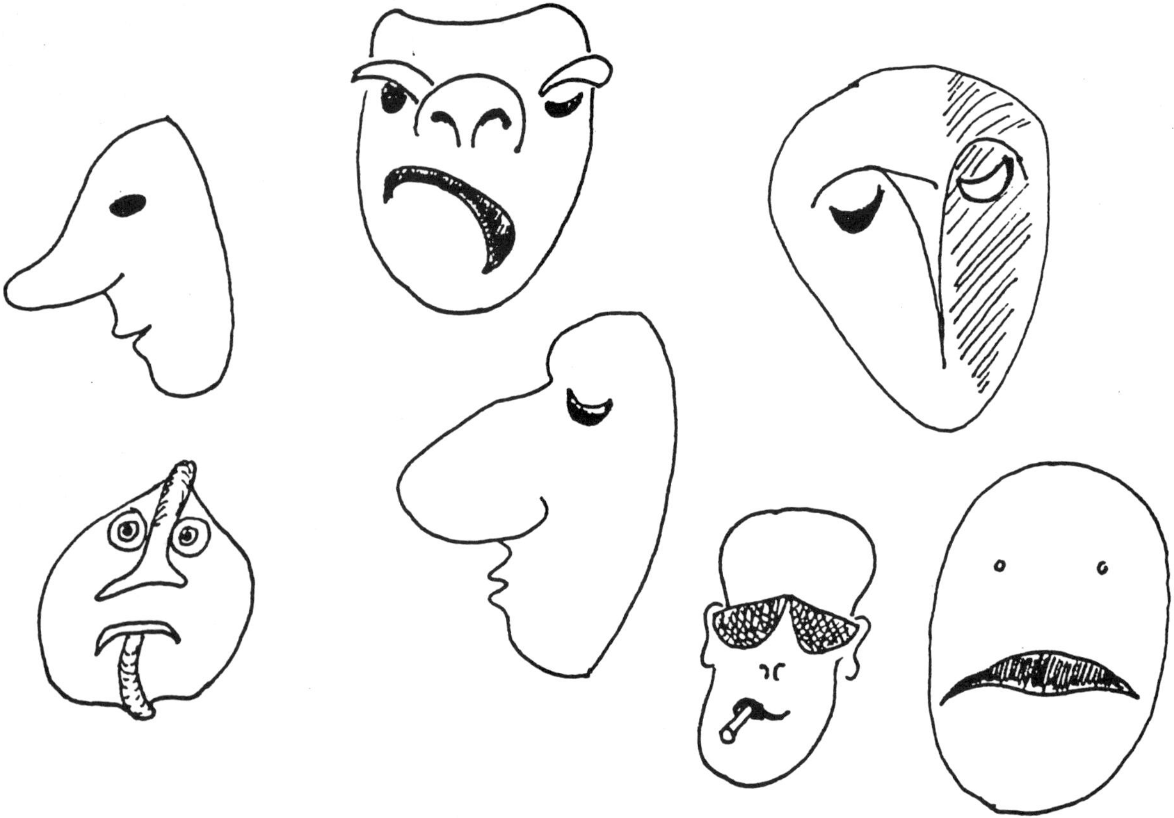

4.3 Maskenbau

Ein geeigneter Einstieg für den Maskenbau besteht in der — sehr häufig praktizierten — Anfertigung von Gipsmasken. Dieser Maskentyp ist auch deshalb gut geeignet, weil das Abnehmen der Gesichtsform einen sehr intensiven Kontakt zwischen den beteiligten Personen mit sich bringt. Von den meisten Teilnehmern wird es als angenehm empfunden, ähnlich einer Massage, wenn die feuchten Gipsbinden auf das Gesicht aufgelegt und glattgestrichen werden. Voraussetzung dazu ist eine entspannte Atmosphäre, die durch Meditationsmusik und gedämpfte Beleuchtung positiv beeinflußt werden kann. Darüber hinaus ist die Vertrauensbasis wichtig, die das Modell dem Gestalter entgegenbringt. Daher sind vorangehende gemeinsame Entspannungs-, Atem- und Vertrauensübungen günstig.

Das Verfahren: Gipsbinden sind in der Apotheke erhältlich, je nach Größe und Dicke der Maske dürften ein bis zwei Rollen je Maske genügen. Die Gipsbinden werden in verschieden große Stücke und Streifen zurechtgeschnitten und an einem trockenen Platz deponiert. (Arbeitsplatz vorher mit Zeitungen abdecken!) Eine Wasserschale wird bereitgestellt.

Obwohl diese Masken oft vom liegenden Modell abgenommen werden, möchte ich anmerken, daß solche Abdrücke durch das Fallen der Gesichtshaut Ähnlichkeitkeit mit Totenmasken haben. Deshalb

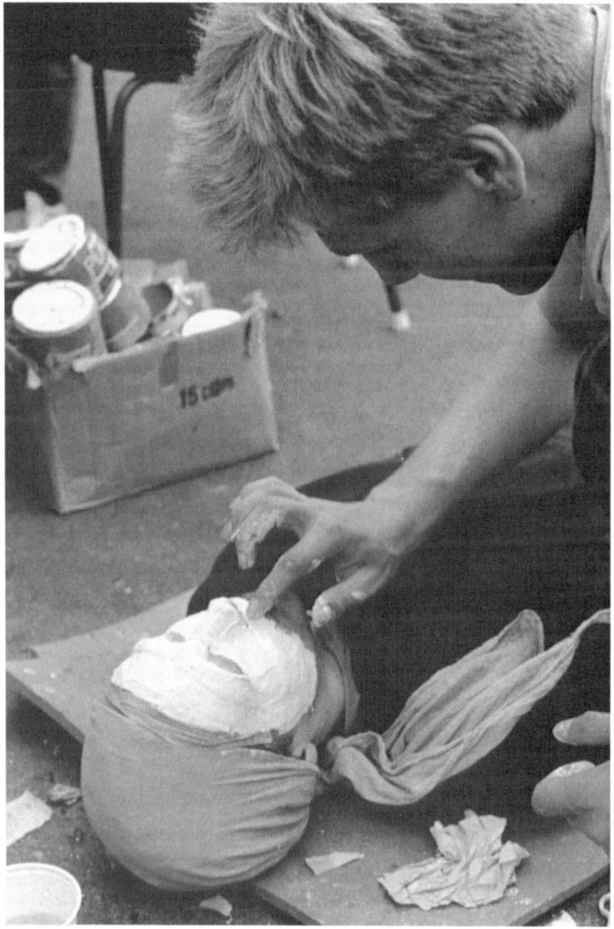

empfehle ich eine sitzende Haltung des Modells. Ein altes Tuch leistet zum Abdecken der Bekleidung gute Dienste.

Das Gesicht des Modells wird zunächst mit Vaseline eingerieben, besonders reichhaltig an Augenbrauen, Haaransatz und ggf. Bart. Der Gestalter taucht einen Gipsbindenstreifen kurz in die Wasserschale ein, läßt ihn abtropfen und legt ihn auf das Gesicht des Modells. Zweckmäßigerweise beginnt man mit den ebenen Gesichtsflächen wie Stirn und Wangen, wozu die größeren Gipsbindenstreifen geeignet sind. Nach dem Auflegen wird der Gips mit feuchten Fingern glattgestrichen. Die Ränder der einzelnen Streifen sollen dabei immer etwas überlappen. Die kleineren Gipsbindenteile sind für schwierigere Partien wie Nasenflügel oder Lippen vorgesehen. Die Nasenlöcher des Modells werden zur Atmung freigelassen.

Die Maske sollte zur ausreichenden Stabilität aus zwei bis drei Schichten von Gipsbinden bestehen, die übereinander aufgelegt und verstrichen werden. Auf stabile Ränder ist zu achten. Nach kurzer Zeit des Trocknens wird die Maske vorsichtig vom Gesicht abgehoben. Das Modell kann durch Gesichtsmuskelbewegungen den Ablöseprozeß erleichtern.

Da die Gipsmaske spröde und auch recht schwer ist und damit nicht sehr spielgeeignet, wird man sie in der Regel als Grundform für die weitere Gestaltung verwenden. Dies kann mit Hilfe von Kleisterpapier

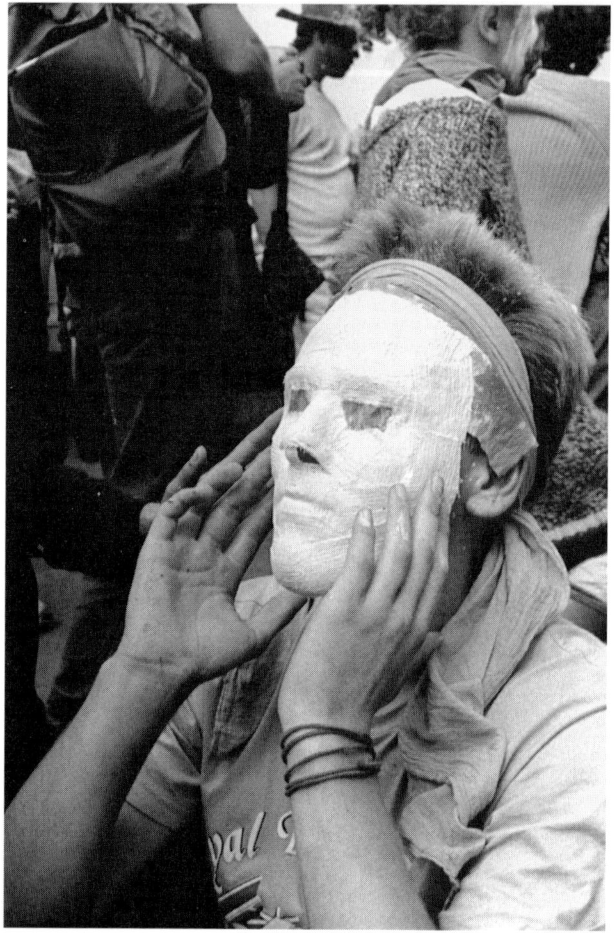

erfolgen, mit dem man die fertige Gipsmaske von innen kaschiert, austrocknen läßt und dann aus der Gipsmaske herauslöst. Dieses Kaschieren mit Kleisterpapier erfolgt, indem man Schnipsel aus Zeitungspapier oder Packpapier in „dicktropfend" angerührten Kleister eintaucht, in die Maskenform drückt und glattstreicht. Mindestens drei bis vier Lagen Kleisterpapier sind für eine ausreichende Stabilität erforderlich. Die Papierschnipsel sollten nicht zurecht geschnitten, sondern gerissen werden, dann treten Überschneidungskanten bei der Maske weniger in Erscheinung. Tip: Dem Kleister wird ein Drittel weißer Holzleim zugesetzt, die Maske wird dadurch elastischer.

Andere Möglichkeiten des Maskenbaus, besonders skurriler Formen, bestehen in der Anfertigung von Grundformen aus Ton oder — aufwendiger — im Schnitzen einer Grundform aus Holz, auf der die Kleisterpapiermaske aufmodelliert wird, außerdem in der Verwendung bereits vorhandener Masken als Rohform, wobei diese durch Frischhaltefolie vor Feuchtigkeit und Schmutz geschützt werden können.

Schon einfache Formen können im Spiel mit Masken große Wirkung erzielen. Wie bei Karrikaturen, werden wesentliche Charaktermerkmale übertrieben herausgestellt und unwesentliche Details weggelassen. Einige Anregungen:

Zur **Farbgebung:** Bei ausdrucksvollen Grundformen kann zu üppiger Umgang mit Farbe mehr zerstören als verbessern. Dies wird in den ersten Experimenten meist deutlich. In vielen Fällen wird eine weiße Maske gute Wirkung erzielen (siehe dazu das Foto von Habbe und Meik). Ein schützender Anstrich der Oberfläche mit Klarlack ist möglich.

Wenn sich der Maskenbauer doch für Farbauftrag entscheidet, sollte er zunächst einmal Versuche mit einer Farbe durchführen. Dabei ist auch eine mögliche Wirkung von farbigem Scheinwerferlicht auf den Ausdruck der Maske zu bedenken. So kann z. B. ein zartrosa Farbton bei grüner Beleuchtung zu einem ausdruckslosen Grauton werden.

Gezielter Einsatz von Farbe kann beispielsweise die räumliche Tiefenwirkung der Maske verstärken. So streben reine Farben, besonders warme Töne wie rot, orange und gelb, optisch nach vorn, während kühlere und mit schwarz oder weiß gemischte Farben sich in den Hintergrund zu drängen scheinen. Wer sich intensiver mit den Regeln für die Farbgestaltung von Gesichtern beschäftigen möchte, der sei auf das hervorragende Buch „Hand- und Stabfiguren" von Hansjürgen Fettig (S. 79 f) verwiesen. Diese Anleihe beim Figurentheater lohnt sich.

Letzte Handgriffe: Die Maske kann — wie zuvor erwähnt — mit Klarlack überzogen werden. Nach dem Trocknen aller Lackschichten wird ein dem Kopf des Trägers entsprechend großes Gummiband (z. B. Hutgummi) mit einem Hefter an beiden Seiten der Maske sorgfältig befestigt. Bei einigen Masken ist es angebracht, an deren Innenrand ein schwarzes Tuch einzukleben, das die Aufgabe hat, den Hinterkopf des Spielers zu verdecken, so daß auch ein Umdrehen des Kopfes auf der Bühne möglich wird.

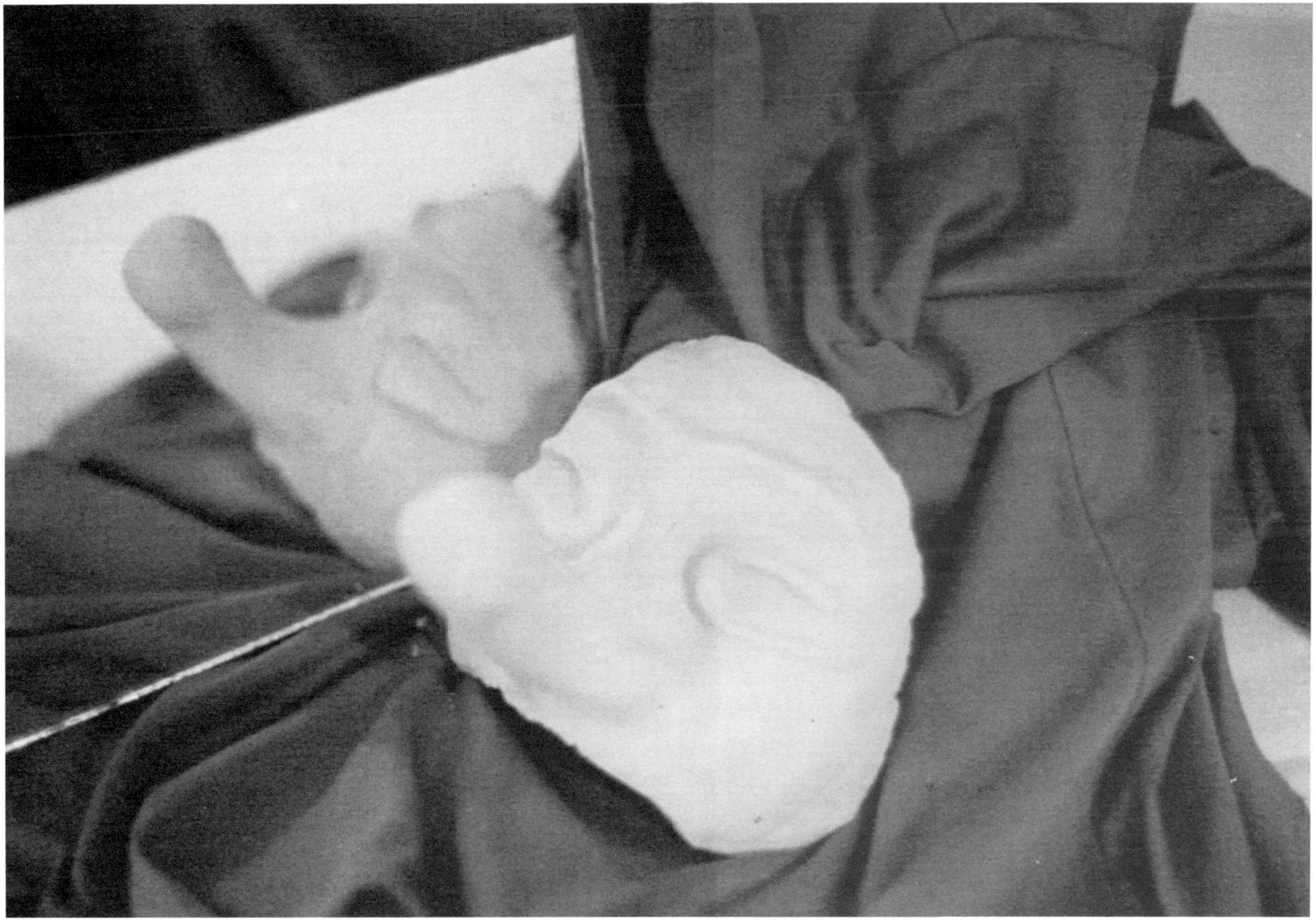

4.4 Kleiner Exkurs in die Commedia Dell'arte und ihre Masken

Die Commedia dell'arte ist meisterhaftes italienisches Volkstheater, turbulente Bewegungskomödie mit schauspielerischen, tänzerischen, pantomimischen und akrobatischen Elementen. Ihre Blütezeit erlebte sie im 17./18. Jahrhundert. Bei den Aufführungen wurden keine festen Texte verwendet. Es wurden szenische Abläufe von den Schauspielern improvisiert und durch ihre Lazzi (etwa: Gag) bereichert. Im Mittelpunkt stand ein Liebesverhältnis, das nach vielen Verwirrungen und Intrigen zum happy end und damit gleichzeitig zum Ende des Stückes geführt wurde. Die in der Commedia dell'arte auftretenden Figuren waren charaktermäßig festgelegt und dem Publikum vertraut. So gab es z. B. die wohl bekannteste Figur, den Arlecchino, die aus Bergamo stammende Dienerfigur im Flickenkostüm. Armut trieb ihn in die reichen Städte, wo er als stets hungriger und sich fortwährend auf der Suche nach eßbarem ,,Material'' befindender Diener in Erscheinung tritt. Arlecchinos Bewegungen sind geprägt von ständigem Rhythmuswechsel, dadurch entsteht Musik. Seine Ausstrahlung liegt in der temperamentvollen Mischung von Schrittkombinationen, akrobatischen Drehungen und Sprüngen sowie pantomimischen Possen begründet, die auch alltägliche Handlungen (so etwa seine Jagd auf eine Fliege) zum kurzweiligen Erlebnis für den Zuschauer werden läßt.

Als weitere Hauptfigur der Commedia dell'arte möchte ich noch den Pantalone erwähnen, den geizigen, alten venezianischen Kaufmann. Fortwährend ist er hinter hübschen Mädchen her und wird daher oft an der Nase herumgeführt. Während seine linke Hand auf dem Rücken den Mantel festhält, gestikuliert er mit dem Zeigefinger der rechten Hand und läßt dazu, vornübergebeugt, seine von Hustenanfällen durchbrochene Krächzstimme ertönen.

Einige aus der Überlieferung zusammengetragene Übungsvorschläge für Commedia dell'arte-Szenen werden von Werner Müller in dem Buch „Theater machen" (Hrsg. Herbert Giffei) aufgeführt. Der Band „Körpertheater und Commedia dell'arte", ebenfalls von Werner Müller, enthält weiteres ausführliches Material zu diesem Thema für diejenigen, die sich schwerpunktmäßig mit Commedia dell'arte beschäftigen möchten.

Als interessante Betrachtung zum Commedia dell'arte-Spiel möchte ich noch das Kapitel „Commedia dell'arte heute" erwähnen (in Michael Kramer: Pantomime, S. 30). Hier wird der Versuch unternommen, deren klassische Figuren auf die heutige Zeit zu übertragen: Die gleichen Charaktere finden sich auch heute noch in unserer Umgebung wieder.

Über lange Zeit war die Commedia dell'arte in diesem Jahrhundert in den Hintergrund gerückt, bis sie nach dem zweiten Weltkrieg eine Renaissance erfuhr. Diese Wiederbelebung, unter Verwendung

überlieferter szenischer Fragmente, ist zu einem nicht unwesentlichen Teil den Arbeiten der Maskenwerkstatt von Amletto Sartori und später seines Sohnes Donato Sartori zu verdanken. Der Bildhauer und Maskenbauer Amletto Sartori hinterließ seinem Sohn Donato einen „Sack voller Träume", so steht es in seinem Vermächtnis. Diese Träume werden gefertigt in der Sartoriwerkstatt in Albano: Dort werden nach überliefertem Vorbild Commedia dell'arte-Masken hergestellt. Bekannte Schauspieler lassen sich hier ihre Masken fertigen, die auf den Darsteller persönlich abgestimmt sind. In einem aufwendigen Verfahren, das vom Gipsabdruck über Ton- und Holzgrundform zur fertigen Ledermaske führt, wird jede Maske in Handarbeit hergestellt, wobei sich die Sartoris Erfahrungen aus dem Bereich alter Buchbindetechniken bei ihrem Handwerk zunutze machten.

Nur Ledermasken sind leicht genug und sitzen wie ein Handschuh, ohne vom Schweiß aufgesaugt zu werden wie Pappmasken.

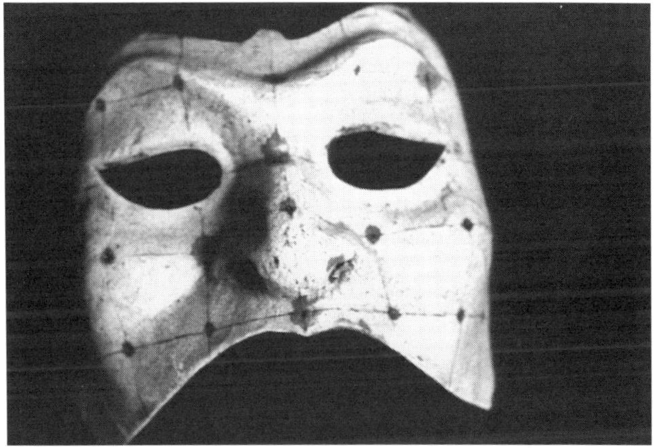

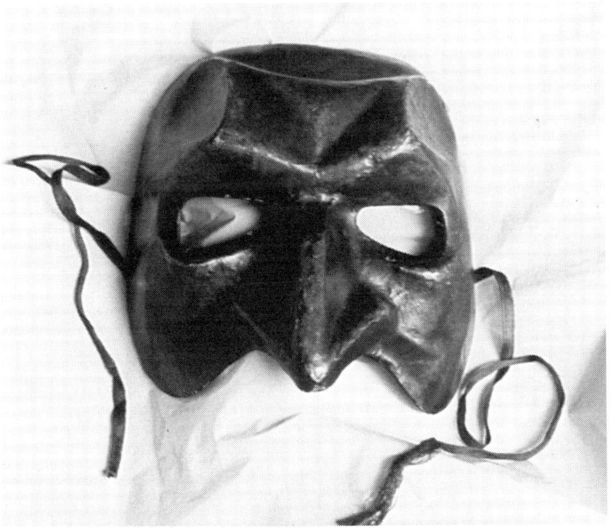

5. Straßentheater und Clownesken

Die erste Form des Straßentheaters kommt einer Verlegung des Theaterspiels ins Freie gleich, bei der viele Szenen ebenso gespielt werden können wie in einem geschlossenen Raum. Ich möchte mich hier auf die zweite Form konzentrieren, ihre besonderen Bedingungen nennen und einige Aufführungsthemen vorschlagen.

— Es kommt bei dieser Spielform darauf an, vorübergehende Passanten für das Gezeigte zu interessieren und zu bewegen, eine Zeit lang stehenzubleiben und zuzuschauen. Die einzelnen Szenen müssen so konzipiert sein, daß ein ,,Zusteigen'' jederzeit möglich ist, auch mitten in der Szene. Kurze, turbulente Stücke eignen sich meist am besten.

Straßentheater

festes Stück, zum Teil mit technischen Möglichkeiten; volkstümliches Theater (Commedia dell'art) ist hervorragend geeignet zur Aufführung in Marktplatzatmosphäre, feste Bühne

Szenenprogramm, bestehend aus:

- Live-Musik
- Clownerie
- Pantomime
- Akrobatik
- Maskenspiel
- Kombination aus diesen

auch ohne Bühne möglich

Straßentheater

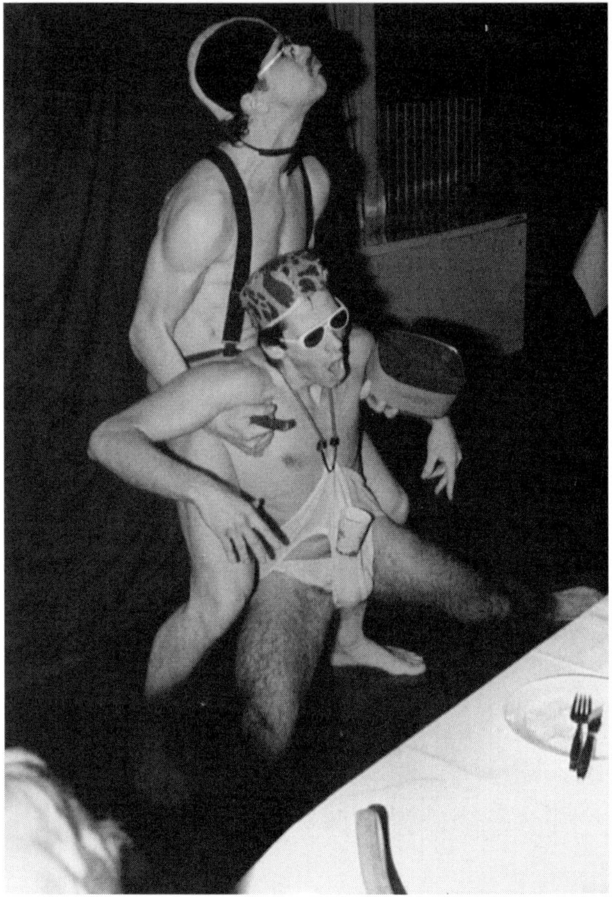

Foolstheater

Foolstheater

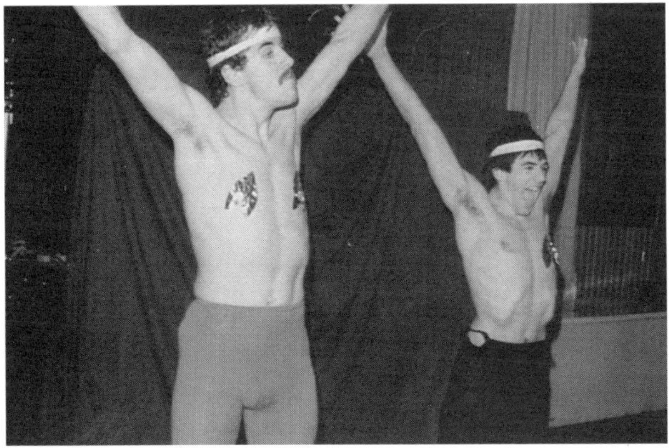

— Aus dem gleichen Grund muß Straßentheater optisch und akustisch werbewirksam gestaltet werden, das heißt auffällige und originelle Kostümierungen und Schminke dienen diesem Zweck ebenso wie fetzige Livemusik (Saxophon, Flöte, Trommel . . .) Wenn Musik „aus der Konserve" benutzt wird, darf das Abspielgerät nicht zu mickrig sein, damit auch hier der Sound einigermaßen frisch herüberkommt.

— Dennoch darf sich das Straßentheater nicht auf das Herzeigen origineller Kostüme und Masken beschränken, es muß auch gut mit ihnen gespielt werden, sie sind nur ein Teil des Ganzen.

— Zum Spielen auf der Straße ist eine hohe Ortsflexibilität nötig, ich meine damit die Fähigkeit, Vor- und Nachteile der jeweiligen Umgebung angemessen zu berücksichtigen oder ins Spiel mit einzubauen. So können Laternenpfähle oder Bäume zum Festbinden von Schnüren dienlich sein, Sitzbänke oder Podeste können im Spiel mitbenutzt werden.

— Die Darsteller des Straßentheaters müssen auf einige Hilfsmittel der Theaterbühne verzichten, also auf Vorhang, Lichteinsatz usw. Sie müssen außerdem Störungen wie Nebengeräusche, Witterungseinflüsse, Durchgangspublikum oder auch abfällige Bemerkungen desinteressierter Passanten mit einkalkulieren. Auf der anderen Seite steht diesen Nachteilen die ursprüngliche

Einfachheit der Darstellung gegenüber, der ganz unmittelbare Publikumskontakt, die Möglichkeit, auch Leute zu erreichen und positiv zu beeindrucken, die von sich aus nicht geneigt sind, eine Pantomimenaufführung oder Ähnliches zu besuchen. Die geforderte Flexibilität ist auch eine Herausforderung.

Oft gilt: Die einfachsten Ideen sind die besten. „Be simple, but not simplistic.'' (Samuel Avital: Mime Worke Book, S. 111) „Simplicity is the great teacher.'' (ebenso, S. 116)

Als **Thema** eignet sich eine Rahmenhandlung wie Jahrmarkt oder Zirkus, in deren Verlauf bekannte Nummern pantomimisch verändert dargestellt oder spritzig persifliert werden, wobei sich auch reichlich Gelegenheit zur Einbeziehung von (willigen) Zuschauern bietet. Auch ein Blick hinter die Kulissen und in die Zuschauerreihen des Zirkus bietet sich an:

— Eifersüchteleien zwischen den Seiltänzern/-rinnen — Der Jongleur bekommt Schluckauf — Der Clown hat die Gewichte des Kraftakrobaten mit Schmierseife eingerieben — Der Zirkusdirektor ist übernervös — Der Pierrot hat sich in die schöne Akrobatin verliebt — Gemeinsames Schminken (synchron, nach Musik).

Eisi Gulp

Er hat es im Griff

Weitere Attraktionen:

- Der Fakir auf Cornflakes oder Gumminoppen
- Feuerschlucker (rote Papierstreifen am Stockende als Feuer)
- Messerwerfer (Diese Nummer könnte in Variationen innerhalb der Aufführung immer wieder kommen: Messer vergessen, kurzsichtiger/betrunkener Messerwerfer, „Opfer" hat Angst und versucht zu fliehen . . .)
- Zauberer mit Pannen (Requisiten fallen aus dem Ärmel, statt der Taube kommt eine gebratene Hähnchenkeule aus dem Zylinder, herbeigezauberter Gegenstand erscheint nicht — Verlegenheit . . .)
- Mechanisches Orchester (spielt nur nach dem Einwurf einer Münze)
- Liebesromanze in Form einer Chaplineske (entsprechende Kostümierung) (vgl. Kap. 7. „Slapstick")
- Clown rettet Seiltänzerin (Marionette) vor dem Absturz.

Bei den folgenden Nummern kann das Publikum mitspielen. Hierbei gilt es natürlich, bei der Auswahl der Darsteller Fingerspitzengefühl zu zeigen und niemanden zu zwingen. Zu vielen Gelegenheiten haben besonders Kinder Spaß am Mitspielen.

— Mechanische Aufziehfigur/Spieldose: Zunächst läßt sich ein Akteur vom Publikum aufziehen, dann zieht er selbst Leute aus dem Publikum auf. Zur Verdeutlichung dieser Spielidee kann man der ,,Aufziehfigur'' Riesenschlüssel aus Schaumstoff auf den Rücken klemmen.
— Pferdedressur: Die ,,Pferde'' bekommen ein Federbüschel (vorher aus Zeitungspapier zu fertigen) mit einem Gummi über den Kopf gezogen. Der Dompteur läßt die Pferde über Hindernisse springen, Drehungen vollziehen, füttert sie mit Zuckerstückchen und fegt anschließend die Pferdeäpfel weg.
— Stierkampf: Ein Zuschauer ,,opfert'' sich als Stier. Wichtig ist das pantomimische Spiel des Toreros und die Anfeuerungsrufe des Publikums. Um das Spiel beenden zu können, sollte ein Schlußgag bereitgehalten werden (z. B. der Torero hißt zum Zeichen seiner Kapitulation die weiße Flagge . . .)

Clownspiel: Spiegelpantomime

Übung für Straßentheater: Aufziehfigur

Übung für Straßentheater: Marionette

- Geisterbahn (besonders für Kinder geeignet): Je zwei Akteure spielen den Wagen, in dem ein Gruselfreudiger durch die Geisterbahn kutschiert wird. Die anderen Akteure stehen als Geister parat und reagieren mit einer kurzen Bewegung oder Grimasse, wenn der „Wagen" an ihnen vorbeifährt.
- Haut den Lukas: Ein Zuschauer darf — nachdem vorher seine Muskeln überprüft wurden — mit einem Schaumstoffhammer oder mit einem imaginären Hammer auf den Lukas hauen (auf die Handfläche eines Akteurs, dessen andere Hand die Schlagkraft des Probanden demonstriert, also mit wackligen Handbewegungen und einem schlaffen „Plop"-Geräusch den Fehlversuch, bis ein durchschlagender Erfolg den Lukas zum Rotieren bringt . . .)
- Das Publikum wird aufgefordert, beim Bau einer „(Name der Stadt)"-Maschine zu helfen. Jeder beteiligt sich mit einer rhythmischen Bewegung an der Gesamtmaschine.

Mit Elan und Koffer

Straßentheater Grundausstattung: Hut, Koffer, Brille

Die Clownin Gardi Hutter

6. Bewegung und optische Medien — Menschenschattenspiel

6.1 Geeignete optische Medien

a) Kerze/Fackel

Das Spielen bei Kerzenlicht verleiht der Darstellung eine intime, stimmungsvolle oder auch eine geisterhafte, geheimnisvolle Wirkung bei entsprechender Vortragsweise. Besonders in kleiner Zuschauerrunde kann auf diese Weise dem Spiel ein besonderer Stempel aufgedrückt werden, beispielsweise beim Märchenspiel mit Kindern. (Brandschutz beachten!)

Die Fackel kann besonders bei abendlichen Straßentheateraufführungen eingesetzt werden und hat über den unmittelbaren Spieleffekt hinaus eine hohe Werbewirkung, wenn es darum geht, Zuschauer ,,anzulocken''.

Ein interessanter Verwendungsbereich des Kerzenlichtes liegt im Schattenspiel, wobei ich mich im Rahmen meiner Thematik auf das Menschenschattenspiel (im Gegensatz zum Figurentheater) beschränke. Man benötigt außer der Lichtquelle eine Leinwand, z. B. ein Bettlaken, das in einen Rahmen gespannt wird (vgl. Kap. 8, Bühnenbau).

Im Menschenschattenspiel lassen sich spielerische Fähigkeiten mit technischem Einfallsreichtum verbinden. Allerdings erfordert strukturiertes Menschenschattenspiel disziplinierte Bewegungsabläufe. Beobachtungen, Experimente und Reflexion über Bewegung sind daher unerläßlich. Drei spezifische Merkmale des Menschenschattenspieles möchte ich hier anführen:

— Die meisten Szenen beim Menschenschattenspiel laufen im Profil ab. Diese Bewegungsform, bei der die Zuschauer den Akteur stets genau von der Seite zu sehen bekommen, ist zunächst ungewohnt und muß an einfachen Beispielen geübt werden: vorwärts und rückwärts gehen, nach oben und unten schauen, sich verbeugen, die Hände ohne unbeabsichtigte Verdeckung und Schattenüberschneidung bewegen, die Szenerie betreten und verlassen. Dabei können auch Zuschauer, die nicht an das Medium ,,Schatten-

Schlangenbeschwörung und Fee

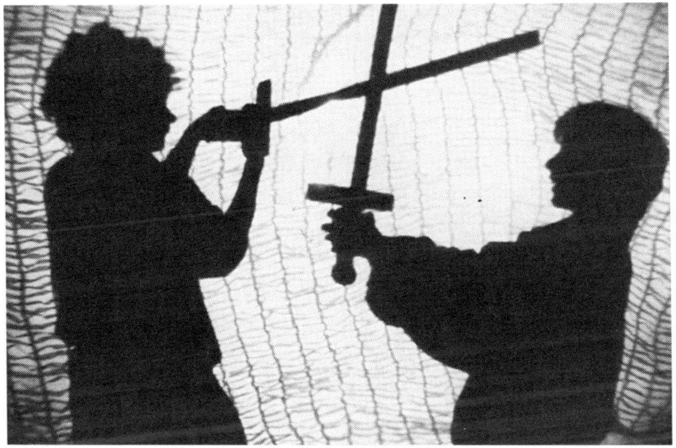

spiel'' gewöhnt sind, leicht Fehler erkennen und unvorteilhafte Bewegungsabläufe beschreiben, so zum Beispiel, wenn ein Spieler den Kopf schüttelt und auf der Schattenleinwand kurzzeitig die Nase des Spielers zu verschwinden scheint.

— Beim Menschenschattenspiel findet eine Konzentration auf die wesentlichen Komponenten ,,Haltung'' und ,,Bewegung'' statt. Im Gegensatz zu den anderen Bühnenspielformen stehen einige Ausdrucksmittel wie Gesichtsmimik dem Darsteller des Menschenschattenspieles nicht zur Verfügung. Deshalb muß hier jede Haltung und Bewegung besonders deutlich herausgestellt werden. Dabei kommen die zuvor beschriebenen Bewegungsformen und Bewegungsgegensätze (siehe H.-J. Zwiefka, Pantomime Ausdruck Bewegung, S. 59) auf hoher Stufe zur Anwendung. Den Bewegungen der Hände kommt eine hohe Bedeutung zu.

— Menschenschattenspiel muß aus Gründen der Deutlichkeit in den meisten Fällen sehr langsam gespielt werden, wodurch eine poetische Wirkung entsteht. Noch stärker als im ,,normalen'' Bewegungstheater lassen sich Zeitlupe und vor allen Dingen Stehbilder einsetzen.

Im Zusammenhang mit den Bewegungsabläufen des Menschenschattenspieles können vielfältige technische Aspekte erarbeitet werden, von denen ich hier einige nennen möchte:

— Experimente mit verschiedenen Lichtquellen (Kerze, Diaprojektor, Tageslichtprojektor (vgl. dazu die Abschnitte b) und c) dieses Kapitels), auch Stroboskop oder Blitzlicht können eingesetzt werden). Dadurch kommt unterschiedliche Helligkeit und Ausleuchtung der Szenen zustande.
— Experimente mit verschiedener Aufstellung der Lichtquelle(n) und der dadurch bedingt unterschiedlichen Schattenwirkung.
— Experimente mit mehreren Lichtquellen und den damit produzierten Doppel- und Mehrfachschatten und Überschneidungen.
— Experimente mit farbigem Licht.
— Experimente mit verschiedenen Materialien. Besonders geeignet sind ganz oder teilweise transparente Materialien wie Folien, Planen, Netze, Tücher usw.

Ein Wunderland

Schattenspiel im Morgenland

b) Der Tageslichtprojektor (OHP)

Der OHP stellt eine hervorragende Lichtquelle für das Menschenschattenspiel dar, zumal er in der Schule und anderen öffentlichen Einrichtungen häufig vorhanden ist. Der wichtigste Vorteil des OPH besteht darin, daß man aus Papier ausgeschnittene Teile auf dessen Glasplatte legen kann und diese in Originalgrößer auf der Schattenleinwand abgebildet werden. So entsteht beispielsweise ein Königsthron, eine ganze Möbeleinrichtung oder eine Landschaft. Die Landschaft kann auch als längerer Streifen angefertigt werden, der dann langsam über die Glasplatte gezogen wird. Wenn gleichzeitig der Darsteller pantomimisch auf der Stelle geht, schafft man damit die Illusion eines Wanderers durch Wald und Feld. Für eindrucksvolle Ergebnisse sorgt die Verwendung von Regenbogenfolie, die es in Dekorationsgeschäften zu kaufen gibt. Diese hauchdünne in den Regenbogenfarben schillernde Folie wird einfach über die Glasplatte des OHP gelegt und verwandelt die Leinwand in einen bizarren Farbhintergrund.

Will man den OHP als Lichtquelle verwenden, so ist unbedingt auf entsprechende räumliche Möglichkeiten zu achten, da mehrere Meter Platz zwischen OHP und Schattenleinwand nötig sind, um eine genügend große Spielfläche auszuleuchten.

c) Der Diaprojektor

Die Verwendung eines Diaprojektors bietet sich hauptsächlich für die Darstellung tänzerischer Bewegungsformen an. Dabei kann der Projektor auf zwei Arten eingesetzt werden, und zwar zur Beleuchtung der Schattenleinwand von hinten oder auch zum Anleuchten der Akteure von vorne. Auch Kombinationen von beiden sind möglich. Im letzteren Fall entstehen interessante Farb- und Formspiele mit Hilfe der Dias auf den Körpern der Darsteller, wobei auch deren Haut sowie Struktur und Farbe der Kleidung die Wirkung beeinflußt. Als Motive für Dias können reale Fotographien ebenso verwendet werden wie abstrakte Dias, die man mit Hilfe von Glasfarben, Klebstoff, Haaren, Federn und vielen anderen Materialien herstellt, indem man diese Teile zwischen die beiden Glasscheiben eines Diarahmens füllt. Solche abstrakten Dias „leben" noch eine Zeit lang, d. h. sie verändern sich unter der Wärmewirkung des Projektors, die darin eingeschlossenen Luftblasen dehnen sich aus, Farben fließen ineinander. Ich empfehle, bei der Herstellung solcher Dias ausgiebig zu experimentieren.

6.2 Das Spiel mit diesen Medien

a) Die Leinwand trennt Spieler und Zuschauer räumlich voneinander. Dieser Umstand hat zur Folge, daß sich weniger Spielhemmungen herausbilden als beim Spiel auf offener Bühne. Die Bereitschaft ist größer, hinter die Schattenleinwand zu gehen und eigene Einfälle direkt umzusetzen. Wenn darüber hinaus genügend von dem zuvor beschriebenen Material vorhanden ist, ergibt sich das Schattenspiel von selbst. Der Aufforderungscharakter der beleuchteten Leinwand und des Materials ist so groß, daß die Spieler es lange genießen, Ideen auszuprobieren, die Hände und den ganzen Körper im Lichtkegel zu bewegen, mit der Schattenwirkung verschiedener Gegenstände zu spielen und anderen Spielern zuzuschauen. Immer wieder kommt es zu „aaah- und ooh-Erlebnissen".

b) Der nächste Schritt besteht in der Vorgabe eines Rahmenthemas, das den verschiedenen Einfällen eine Richtung gibt, aber nicht zu sehr festlegt. Mögliche Themen sind:

- **Unter-Wasser-Welt** (Musik: Oxygene von J. M. Jarre)
- **Maschine** (Taktell oder Minimalmusik, z. B. Philip Glass oder St. Reich)
- **Insektenstaat** (E. Schoener: Transformation)
- **Landung von Wesen eines fremden Planeten** (E. Schoener)
- **Gnomentanz** (auf Emerson, Lake + Palmer: Pictures at an exhibition)

Das Rahmenthema kann auch dergestalt sein, daß es nur mit den **Armen und Händen** gespielt wird:

- **Schlangengrube** Aus einem Korb winden sich zischend Schlangen hoch, richten sich zu voller Größe auf, ducken sich, werden schließlich durch die Flöte des Schlangenbeschwörers zum Tanzen gebracht oder gezähmt.
- **Nest** Hungrige Vogelkinder tschiepen ihren Eltern entgegen, die immer wieder neue Nahrung (Würmer, . . .) herbeischaffen müssen, um die Gierhälse zu sättigen.
- **Blütezeit** Blumen wachsen aus dem Erdboden hoch, die Blüten gehen auf und werden langsam größer. Die Blumen pendeln im Wind hin und her.
- **Diskussion** Zu einem Stimmengewirr erscheinen Hände über einem Rednerpult. Die Hände gestikulieren, erläutern, werten ab, drohen, legen fest usw.

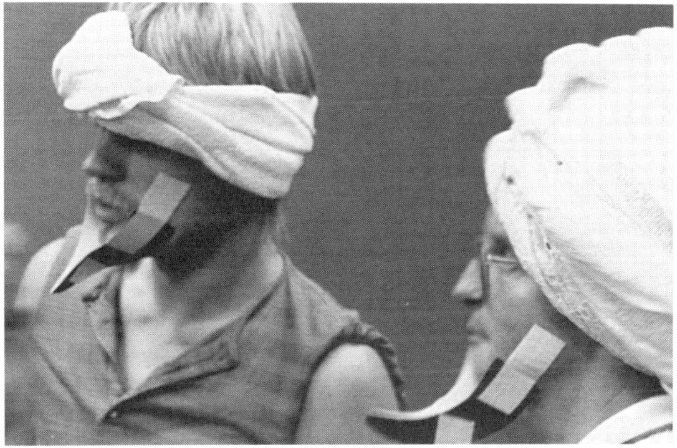

So sieht es vorher aus

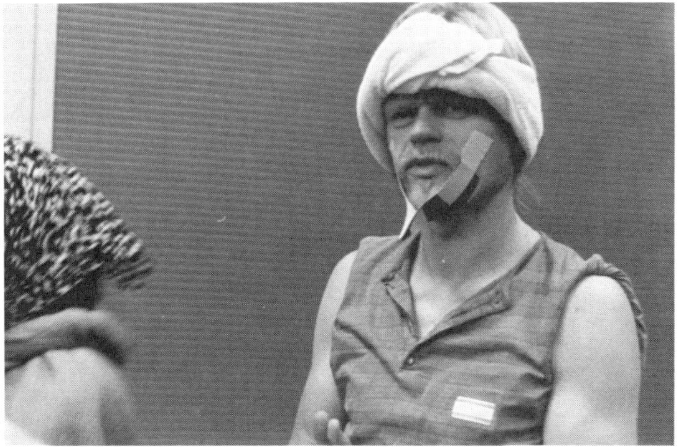

c) Trickspiele nutzen die technischen Eigenschaften des Mediums für interessante und witzige Wirkungen aus:

— Der Zahnarzt zieht seinem Patienten einen Riesenzahn. Dieser Riesenzahn (aus Pappe) wurde vorher außen an der Wange des Patienten befestigt und wird nun unter großen Anstrengungen des Zahnarztes und unter Wehklagen des Patienten mit einer Riesenzange gezogen. Da Schatten keine räumliche Tiefenwirkung haben, sieht es für den Zuschauer so aus, als ob der Zahnarzt den Zahn wirklich aus dem Munde des Patienten zieht.
— **Das sechsarmige Götzenbild** Drei Spieler stehen genau hintereinander, das Gesicht und den Körper in Richtung zur Leinwand. Ihre Schatten fallen übereinander. Jeder streckt nun seine Arme in eine andere Richtung aus, so daß der Zuschauer auf der Leinwand eine Gestalt mit sechs Armen sieht.

  Natürlich läßt sich dieses Prinzip auf andere Körperteile erweitern und für die Gestaltung von Figuren mit zwei Köpfen oder mehreren Beinen anwenden.
— **Schläge**, die mit dem Hammer (oder mit einem überdimensional großen ausgeschnittenen Requisit) dicht neben den Kopf eines Mitspielers ausgeführt werden (genau zielen!), sehen wie echte Kopfschläge aus, besonders dann, wenn der Getroffene daraufhin in Ohnmacht sinkt.

  Ebenso kann man seinen Fechtpartner scheinbar mit der Klinge durchbohren, indem man die Klinge neben dessen Körper oder zwischen Rumpf und Arm hindurchführt.

d) Natürlich kann man auch komplette Geschichten in der Form des Menschenschattenspieles darstellen. Besonders geeignet sind Märchen, in denen gehext und gezaubert wird, auch Traumgeschichten, weil diese Verwandlungen mit etwas Geschick gerade beim Menschenschattenspiel lösbar sind. Aber auch die Darstellung von Zwergen und Riesen bietet sich an, weil sich die Größe der Schatten durch Veränderung der Entfernung des Spielers zur Lichtquelle variieren läßt. Eine Themenauswahl:

— Das tapfere Schneiderlein
— Goldmarie und Pechmarie
— Dornröschen
— Der Zauberlehrling (von Goethe)
— Das Geheimnis der Stadt Benidasch (in: Die versteinerte Stadt)
— Sindbad der Seefahrer

Hier noch ein Vorschlag für die Rahmenhandlung zum Thema „Sindbad der Seefahrer": Die Königstochter wurde von einer Hexe in einen häßlichen Zwerg verwandelt. Der Zauber kann nur gebrochen werden, wenn man der Königstochter eine Kette mit sieben ganz bestimmten Edelsteinen umlegt. Sindbad erhält vom König den Auftrag, diese sieben Edelsteine zu finden. Nach einer langen Reise und vielen bestandenen Abenteuern findet Sindbad die Steine Stück für Stück an aufregenden Orten: im Adlerhorst, in einer unterirdischen Höhle, im Netz einer Riesenspinne . . . Weitere spannende Situationen auszudenken, fällt der Gruppe sicher nicht schwer.

Schattenspiel

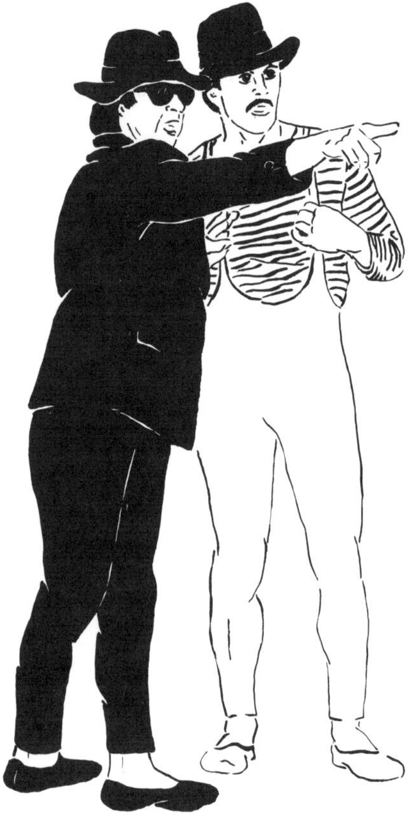

7. Slapstick und Stummfilmtechnik als Vorlage für Übungen und Bühnenspiel

7.1 Vorbetrachtung

Der Begriff „Slapstick" (= Schlagstock) stammt aus der guten alten Stummfilmzeit und ist seitdem Markenzeichen für eine ganze Filmepoche geworden. Die Slapstickfilme endeten meist mit einer turbulenten Verfolgungsjagd, an der eine ihre Schlagstöcke schwingende Polizeitruppe beteiligt war. Solche „Polizeitruppen" waren — wie auch die sogenannten Badeschönheiten — bei vielen größeren Filmgesellschaften fest engagiert.

Fällt heute der Ausdruck Slapstick, so denkt man in erster Linie an die kurzen Filmstreifen von ca. 15 Minuten Länge, in denen Charlie Chaplin, Dick und Doof, Pat und Patachon (und wie sie alle heißen) Gags am laufenden Band aneinanderreihen, Tritte verteilen und Sahnetorten in das jeweils anvisierte Gesicht (oder auch in ein beliebiges anderes) fliegen lassen.

Eigentlich fügt man dieser Filmgattung Unrecht zu, wenn man sich in seiner Betrachtung auf solche Kurzstreifen beschränkt, in denen der Inhalt gegenüber Gageffekten zurücktritt. Denn mit den großen Darstellern dieser Zeit wie etwa Charlie Chaplin, Buster Keaton oder Harold Lloyd sind auch Meisterwerke der Filmkunst geschaffen worden, in denen die mimische Ausdruckskraft der Darsteller den Filmen ihren unverwechselbaren Stempel aufgedrückt hat. Gute Slapstickfilme zeichnen sich dadurch aus, daß ihnen als Gegenpol zu den zahlreichen Gags immer auch eine gefühlvolle, oft traurig-melancholische Note innewohnt. Der Erfolg Charlie Chaplins begründet sich z. T. darauf, daß seine Filme die Menschen lachen wie auch weinen machen konnten (und auch heute noch machen können). So z. B. haftet der von Chaplin geschaffenen Figur des komischen kleinen Tramps immer etwas von den Erlebnissen schlimmster Armut und verbissenen Lebenskampfes an, die Chaplin selbst in seiner frühen Kindheit erfahren hat. Eine Szene aus dem Film „Lichter der Großstadt" mag das belegen: Charlie hat die Gunst eines Millionärs gewonnen und fährt mit dessen Nobellimousine durch die Straßen. Er hält an, steigt aus und schnappt einem Landstreicher, der sich gerade nach einer Kippe bückt, diese vor der Nase weg.

7.2 Das Slapstick-Spiel

Der Planung meiner Slapstickkurse lag der Gedanke zugrunde, möglichst naturgetreu die Stummfilmära wieder aufleben zu lassen: Zu Chaplinmusik und pfiffigen Slapstickmelodien sollten komische und melancholische Szenen aus dem Alltag gespielt werden, deren Wirkung durch den Einsatz geeigneter Ausstattung (s. 7.4) abgerundet werden sollte.

Die Ausgestaltung der Bewegungsform ist die zentrale Aufgabe des Slapstickspiels, wobei sich eine gezielte Betrachtung z. B. von Chaplinfilmen anbietet: Wie dreht sich Charlie um, wie läuft oder rennt er, wie stoppt er, in welcher Weise benutzt er sein Stöckchen, wie gähnt er, in welcher Art drückt seine Körperhaltung Verliebtheit aus . . .? Man muß sich hierbei allerdings der Tatsache bewußt werden, daß ein Teil der komischen Wirkung, die von Slapstickfilmen ausgeht, durch das technische Medium Film zustande kommt. So ist der charakteristische Chaplingang auf die geringe Anzahl der Einzelbilder pro Sekunde im damaligen Film zurückzuführen und auf der Bühne nur schwer reproduzierbar. Hier kann die Beleuchtung weiterhelfen (Kap. 7.4).

Bestimmte Gesten und Haltungen können jedoch in das Bühnenbild eingebaut werden, z. B.

. . . wie man sich auf einen Stock stützt

. . . wie man sich mit dem Stock den Rücken kratzt

. . . wie man bei einer Richtungsänderung nach außen schwankt

. . . wie man sich lässig an eine Mauer lehnt

. . . wie man (grimmig, schüchtern, verliebt . . .) seinen Hut hebt

. . . wie man besonders ausdrucksvoll mit den Augen spielt.

Auch hinsichtlich einer zweiten wichtigen Aufgabe des Slapstickspiels, dem Einsatz der Komik, lassen sich Anleihen bei Filmszenen machen. Im Folgenden sind einige der wesentlichen Komikelemente aufgeführt, wie sie auch im Bühnenspiel zur Anwendung kommen können:

— Die Komik der Gegensätze (Dick und Doof), bezogen auf die äußere Gestalt, aber auch auf das Temperament der Spielfiguren
— Die Komik der Verzögerung (Die Sahnetorte wird zum Wurf angesetzt, der Wurf selbst jedoch immer weiter hinausgezögert)
— Die Komik der unharmonischen Bewegung (der abgehackte Slapstickgang)
— Die Komik der Übertreibung
— Die Komik des extremen Zufalls (eine Hauswand kippt um und fällt auf Buster Keaton; dieser steht ungerührt in einer Fensteröffnung)
— Die Komik der vertauschten Rollen (ein Mann als Frau verkleidet)

7.3 Spielthemen für Slapsticks

Als Themen eignen sich besonders banale Alltagssituationen, bei deren Darstellung die Würze im Detail liegt. Es wird nicht auf einen Schlußgag hingespielt, sondern die Art und Weise jeder einzelnen Bewegung ist sehenswert und komisch.

Auszugestaltende **Rahmen**handlungen könnten sein:

— Auf der Straße (eine differenzierte Darstellung hierzu ist im Kapitel 8.4 a meines Buches ,,Pantomime, Ausdruck, Bewegung'' aufgeführt)
— In einem öffentlichen Waschraum (vgl. auch hierzu Kap. 9 a)
— Auf dem Bahnsteig
— Bei der Zollabfertigung

Als weitere spezielle Themen für mehrere Personen (geeignete Personenzahl in Klammern) bietet sich folgende Auswahl an, die nach einiger Spielerfahrung leicht selbst ergänzt und erweitert werden kann:

— Flirt mit Hindernissen (2-5 Pers.)
— Wie ungeschickt! (variabel)
— Gehässigkeit und Rache (2 Pers.)
— Der Pechvogel (variabel)
— Ein zäher Verfolger (2 Pers.)
— Ein Bettler wird reich (5 Pers.)
— Abschied für immer (2 Pers.)
— Folgenschwerer Irrtum (variabel)

Abschließend möchte ich in dieser Aufstellung noch zwei besonders ergiebige Themen für eine Spielerzahl von etwa vier bis sechs Personen aufführen:

Der Störenfried (jemand kommt als Neuling in eine gut aufeinander eingespielte Crew und bringt dort alles durcheinander (vgl. dazu die Fließbandszene in Chaplins ,,Moderne Zeiten'').

Die Nervensäge (jemand fällt seinen Mitmenschen ununterbrochen auf die Nerven, z. B. durch Aufschneiderei, ,,kluge'' Ratschläge o. ä.).

7.4 Technische Durchführung

Die Beleuchtung kann bei der Gestaltung der Atmosphäre hilfreich sein, im Slapstickspiel besonders durch Lichtflimmereffekte, die den speziellen „Kintopptouch" ermöglichen. Die Beleuchtung kann hier plakativ eingesetzt werden, dominieren sollten Schwarz-Weiß-Töne, ebenfalls in Anleihe an die alten Filme.

Neben der Beleuchtung sind auch die Kleidung, die Schminke, eventuelle Bühnendekorationen sowie Requisiten vorzugsweise in Schwarz-Weiß-Tönen zu gestalten.

Werden Zwischentexte verwendet — auf kurze und bündige, deutlich lesbare Texte ist zu achten — kann man dabei durch ornamentale Gestaltung der Tafeln und der Schrifttypen, bis hin zum Comicstil, originelle Wirkung erzielen.

Für die Verwendung solcher Texttafeln gibt es mehrere Möglichkeiten. Die Texttafeln können . . .

. . . von den Akteuren im passenden Moment hochgehalten werden. In diesem Fall müssen die Tafeln vor der Aufführung an den entsprechenden Stellen der Bühne oder in der Bekleidung des Akteurs versteckt werden.

. . . von Mitspielern am Rande der Bühne hochgehalten werden.

. . . an Schnüren von der Decke herabgelassen und wieder hochgezogen werden.

. . . auf einer Staffelei neben der Bühne aufgestellt und ausgewechselt werden.

Bereits bei der Vorbereitung von Slapsticketüden in der Gruppe kann vereinbart werden, daß jede Spielgruppe eine bestimmte Anzahl von Texttafeln (eventuell 5-7) während des Stückes benutzen darf. In der vereinfachten Weise hält der Spielleiter die Zwischentexte während des Spielverlaufs an den vereinbarten Stellen hoch. Die Spielgruppe kann währenddessen im Stehbild verharren.

Turbulente Variante: Die Texttafeln werden vor dem Spielen gemischt und während des Spiels so hochgehalten, daß auch die Spieler den jeweiligen Text lesen können, d. h. im weiteren Verlauf des Spiels müssen die Akteure zu dem Text improvisieren.

Texttafeln

(Zierschrift)

(Comic-Stil)

(Wut)

(Symbolik)

(Drehung)

8. Einige Tips zum Bühnenbau

Wenn man Stücke im Bereich Pantomime/Bewegungstheater oder Straßentheater zur Aufführung bringen möchte, stellt sich häufig die Frage nach einem geeigneten, transportablen Bühnenaufbau oder einer Stellwand, besonders dann, wenn keine mit Licht und Vorhang ausgestattete Bühne zur Verfügung steht. In den meisten Fällen wird es zweckmäßig sein, im Zusammenhang mit der beabsichtigten Vorführung eine individuelle Lösung zu finden, die den Erfordernissen sowohl des Stückes als auch des/der Spieler(s) angemessen ist. Dazu möchte ich einige wichtige Vorüberlegungen anführen, die eine Problemlösung erleichtern sollen.

Vorüberlegungen zur Funktion

Die Stellwände bzw. Bühnenaufbauten erfüllen folgende Funktion:

— Sie bieten **Sichtschutz** zum Umziehen während der Vorstellung oder zum Aufenthalt während der Auftritte.
— Sie dienen als **farbneutraler Hintergrund**, wenn in einem nicht für Theaterspiel hergerichteten Raum Auftritte stattfinden. In Verbindung mit der Bekleidung der Akteure oder den Requisiten lassen sich Farbwirkungen erzeugen oder Kontraste schaffen.
— Sie gewähren die **Möglichkeit, Requisiten anzubringen** oder Texttafeln/Titel aufzuhängen.
— Sie helfen beim **Erzeugen optischer Illusionen**, die im weiteren Verlauf dieses Kapitels noch genauer beschrieben werden.

Tips zum Bau

Da Stellwände in den meisten Fällen transportabel und umbaufreundlich sein sollen, ist eine Konstruktion zu empfehlen, die mit möglichst wenig Werkzeug schnell auf- und abgebaut werden kann. Metallschrauben sind daher besser geeignet als Holzschrauben, Flügelmuttern sind mit bloßen Händen festzudrehen oder zu lösen und ersparen den Schraubenschlüssel. (Im Handel sind dazu Metallgewinde erhältlich, die in das Holz eingelassen werden können). Die Verbindungselemente müssen so robust sein, daß auch nach häufigem Auf- und Abbau keine Funktionsbeeinträchtigung auftritt.

Als Grundmaterial eignen sich wegen des günstigen Anschaffungspreises gehobelte Dachlatten, aus denen die einzelnen Teile der Stellwand gefertigt werden. Die fertigen Teile werden entweder mit Stoff bezogen, oder die aufgestellte Wand wird mit einem großen Tuch behängt. Ein schwarzer Anstrich der gesamten Stellwand ist ratsam, damit eventuell sichtbare Holzteile und Kanten nicht auffallen.

Eine häufig gebrauchte Grundform ist die ,,Ziehharmonika''. Hierbei werden zwei bis vier Rechteckelemente mit Klavierband, einem durchlaufenden Metallscharnier, untereinander befestigt (Abb. A). Angewinkelt aufgestellt, ist diese Konstruktion ohne weitere Stützen tragend.

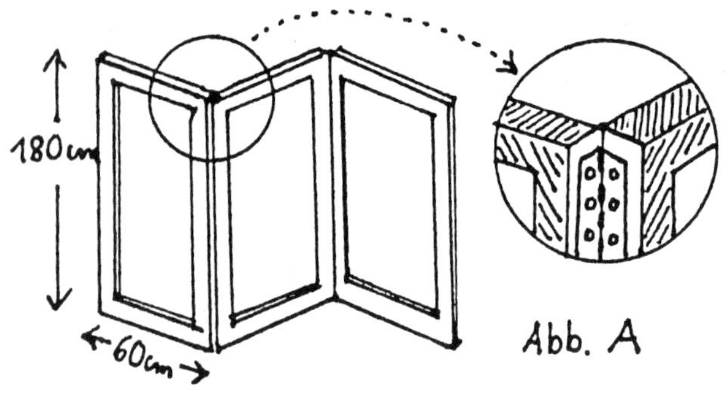
180cm
60cm
Abb. A

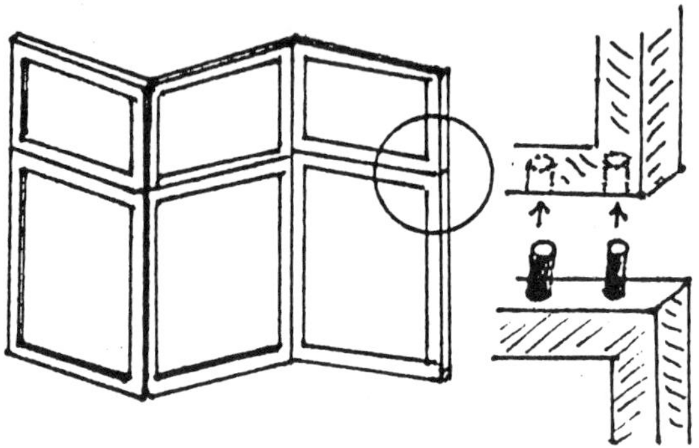

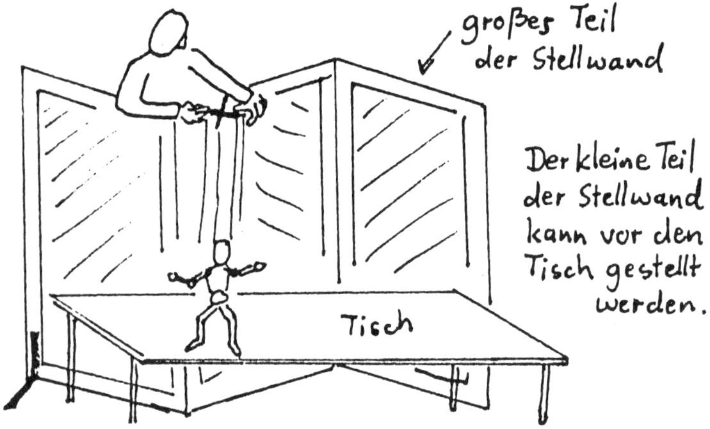
großes Teil
der Stellwand
Der kleine Teil
der Stellwand
kann vor den
Tisch gestellt
werden.
Tisch

Handpuppenspiel
Brett

Die gleiche Konstruktion, aus zwei aufeinanderstellbaren Teilen aufgebaut (Abb. B), bietet weitere Vorteile:

— Die geringere Größe der zusammengeklappten Teile erleichtert den Transport, z. B. hinter den Vordersitzen eines PKW.
— Wenn Kinder hinter der Stellwand agieren, stellt man nur deren unteren Teil auf.
— Der untere Teil ist, allein aufgestellt, für einige pantomimische Illusionen besser geeignet.
— Man kann durch Variationen im Aufbau die Stellwand auch für andere Zwecke einsetzen (Marionettenvorführung, Handpuppenspiel)

In den letztgenannten Fällen ist eine zusätzliche Abstützung durch Metallwinkel an den Ecken ratsam.

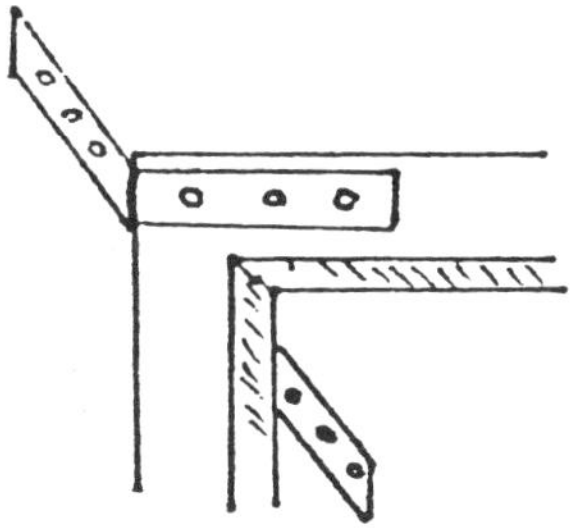

In allen drei Beispielen (Treppe, Rolltreppe, Fahrstuhl) perfektioniert entsprechende Mimik die Körpertechnik: der grüßende Blick an eine vorübergehende Person auf der Treppe, der gelangweilte Rundumblick auf der Rolltreppe oder etwa der schüchterne ,,Fahrstuhlblick'' zu Boden oder zur Stockwerkanzeige.

Eine Leinwand für das Menschenschattenspiel (siehe Kapitel 6) sollte eine Breite von etwa 2,50 m und eine Höhe von etwa 2,20 m haben und mit weißem Leinen oder Nesselstoff bespannt sein. Im Notfall tun's zusammengenähte Bettlaken. Der seitliche Bereich aus schwarzem Stoff ist zweckmäßig, damit die aus der Leinwandfläche zur Seite abgehenden Spieler nicht vom Publikum gesehen werden. Die Podeste bewirken, daß die Füße der Darsteller im Schattenbild besser gesehen werden.

Die in diesem Kapitel gegebenen Anregungen sind als Grundausstattung zu verstehen. Experimentieren macht Spaß und wird sicher zu einer Menge weiterer Ideen und Lösungen führen.

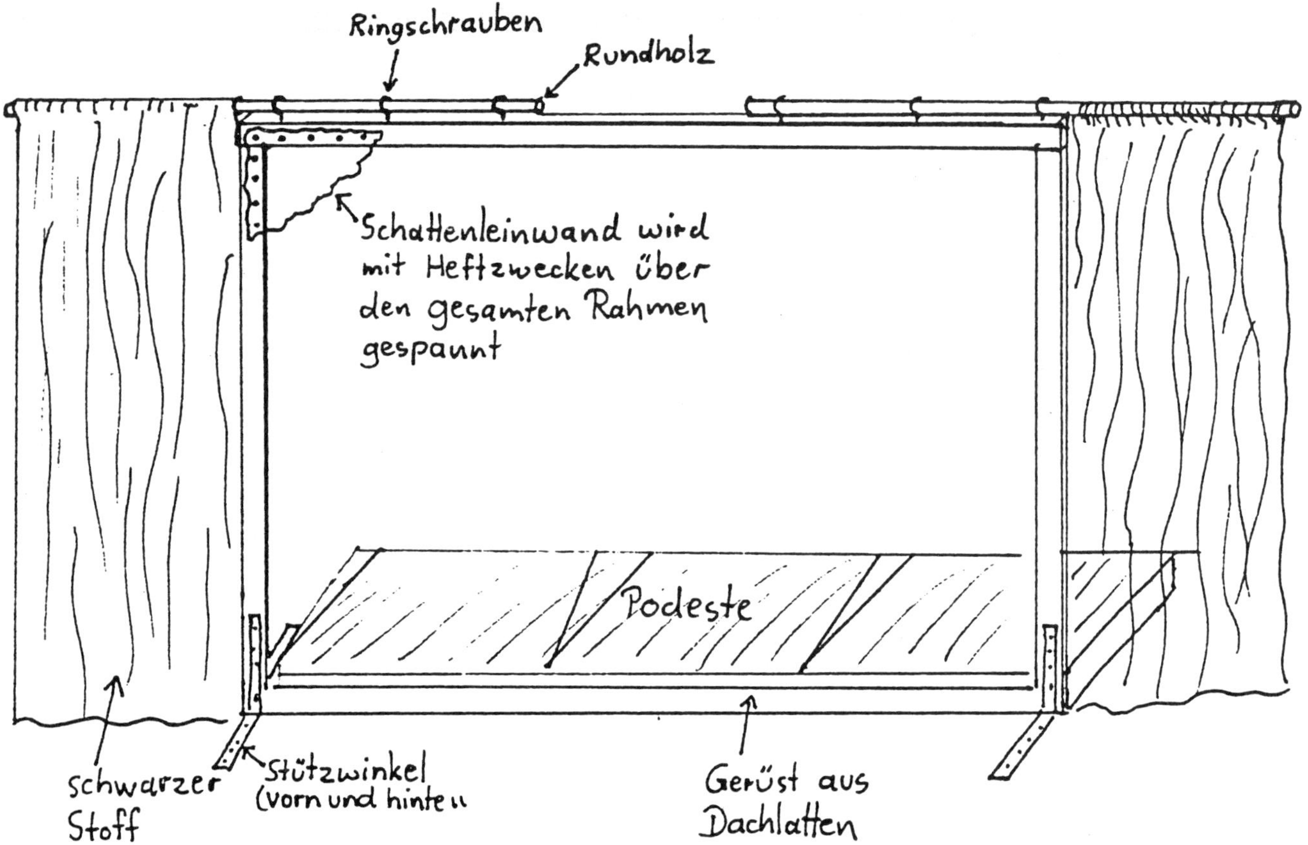
Ringschrauben
Rundholz
Schattenleinwand wird mit Heftzwecken über den gesamten Rahmen gespannt
Podeste
schwarzer Stoff
Stützwinkel (vorn und hinten)
Gerüst aus Dachlatten

Optische Illusionen mit Hilfe der Stellwand (2)

Treppe

Der Spieler macht einen kleinen Schritt vorwärts, dabei gleitet der Oberkörper waagerecht nach vorn. Am Ende des Schrittes sackt der Körper **in senkrechter Achse** ein Stück nach unten, so daß der Spieler nun mit leicht angewinkelten Knien steht. Ohne Unterbrechnung setzt er nun in gleicher Weise den nächsten Schritt, wobei er in senkrechter Körperachse immer tiefer sinkt, bis er ganz hinter der Stellwand ,,untergetaucht'' ist.

Rolltreppe

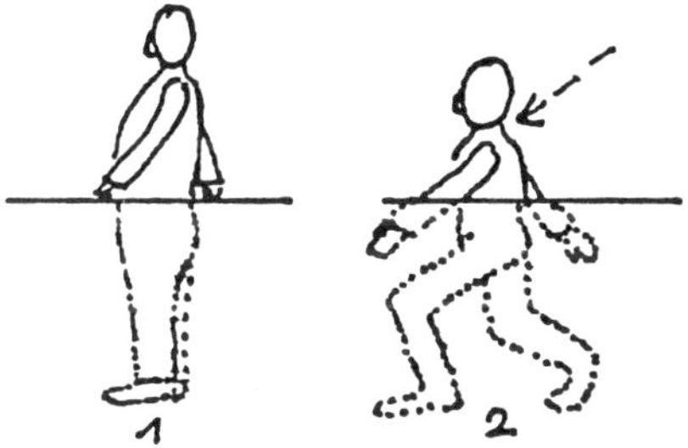

Der Spieler setzt einen großen Schritt nach vorn und gleitet dabei **langsam und gleichmäßig** nach vorn unten, wobei der Oberkörper im gesamten Verlauf aufrecht bleibt. Die schwierigste Phase ist dabei das Vorziehen des hinteren Beines (Schrittwechsel) ohne dabei den gleichmäßigen Bewegungsablauf des Oberkörpers zu unterbrechen.

Fahrstuhl

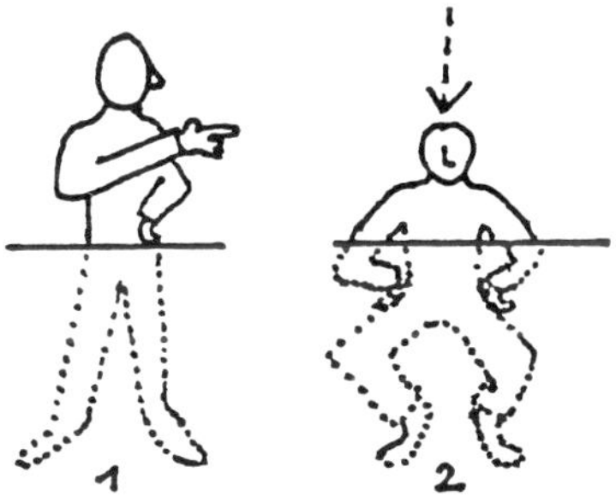

Der Spieler gleitet in senkrechter Körperachse nach unten bzw. zurück nach oben, indem er seine Knie nach außen beugt bzw. streckt. Ein **kleiner Ruck** zu Beginn der Abwärtsfahrt sowie ein Auswippen nach Abschluß der Aufwärtsfahrt unterstreichen die Illusion.

Optische Illusionen mit Hilfe der Stellwand

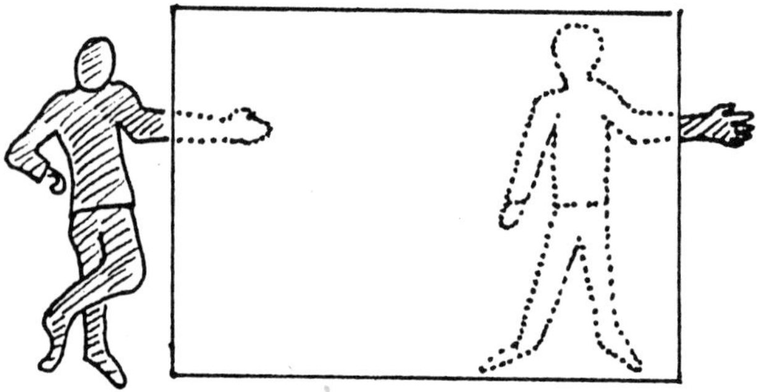

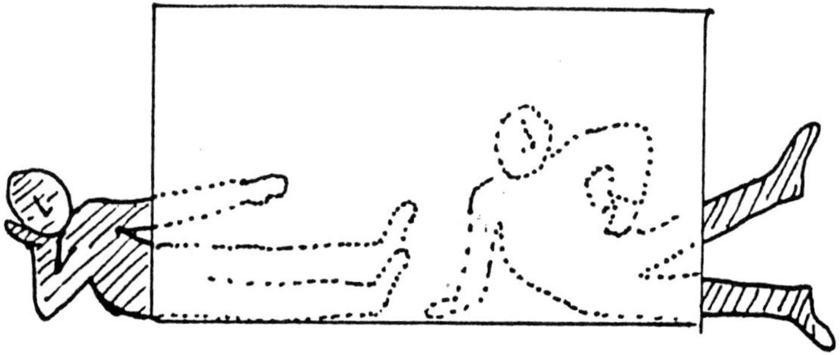

Der Schwimmer

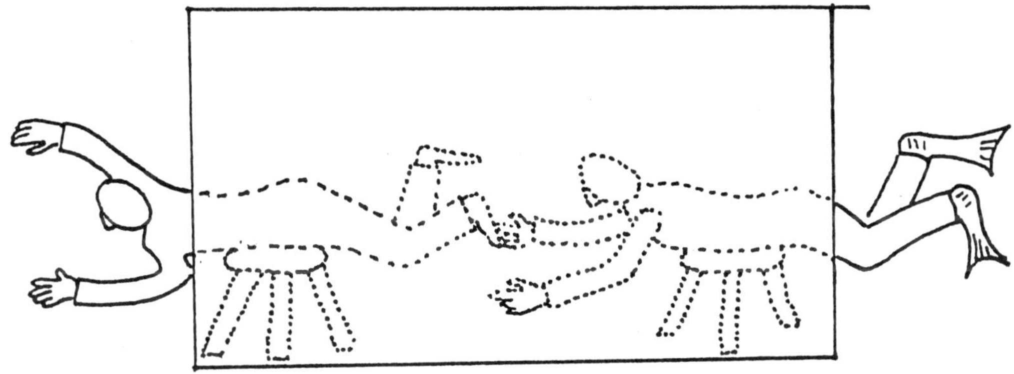

9. Spiel- und Aufführungsthemen

Wie schon zuvor erwähnt, lernt man Pantomime und Bewegungsimprovisation nur durch praktisches Tun. Es müssen deshalb Situationen geschaffen werden, in denen die Spieler mit den Schwierigkeiten der Darstellung durch Körperbewegung konfrontiert werden. Sie müssen Lösungsmöglichkeiten suchen und

ausprobieren können und sich auf diese Weise weiterentwickeln. Daneben sollen die Aufgaben auch Spaß machen, den Spielern wie auch den Zuschauern, also Spiellaune erzeugen. Mit der Vorgabe geeigneter Spielthemen und Bewegungsaufgaben steht und fällt der Kurs. Ich habe diesem Kapitel daher viel Aufmerksamkeit gewidmet. Die vorgeschlagenen Themen sind praktisch erprobt, und nur geeignet scheinende im Repertoire geblieben.

a) Rahmenthemen

Zum Thema **„Waschraum"** schlage ich vor, Aufgabenkarten an die Spieler zu verteilen, deren Inhalt in einem imaginären Waschraum spielen soll. Jeder Spieler kennt also nur den Inhalt seiner Aufgabenkarte, nicht aber den der anderen. Im anschließenden Gespräch, das nach Abschluß aller Szenen stattfinden sollte, erfährt jeder Spieler, ob der Inhalt seiner Darstellung richtig erkannt wurde. Wichtig für diese Szenenreihe ist eine möglichst fließende Abfolge der einzelnen Szenen. Es ist deshalb sinnvoll, vorher deren Reihenfolge kurz festzulegen, z. B. reihum in der Sitzordnung oder nach Nummern. (Auch hier ist flotte Musik zu empfehlen.) Nachfolgend der Inhalt der Aufgabenkarten mit Angabe der Spielerzahl (Bei Partnerthemen erhalten jeweils zwei Spieler eine Aufgabenkarte. Bei kleineren Gruppen kann man auch jedem Spieler mehrere Aufgabenkarten geben.):

— Du wäschst dir deine Hände in völliger Hektik.
— Du wäschst dir nach harter Arbeit völlig erschöpft die Hände.
— Du bist eine feine Dame und machst dich kurz frisch.
— Hier fehlt aber auch alles: Seife, Handtücher . . .
— Zwei Schulkinder stehen am Nachbarwaschbecken und spritzen sich gegenseitig naß. Auch sonst haben sie nur dummes Zeug im Kopf. (2)
— Du wäschst dich an einer schmuddeligen, stinkenden, absolut unhygienischen Autobahnraststätte.
— Du machst in einem luxuriösen Waschraum etwas kaputt und verdrückst dich.
— Du wäschst dir verträumt die Hände, in Gedanken an deine(n) Freund(in).
— Wiedersehen zweier alter Freunde an Nachbarwaschbecken (2).
— Beim Waschen ertönt aus einem Radio dein Lieblingslied.
— Du lachst ausgelassen, weil du soeben etwas sehr Witziges erlebt hast.
— Muskelprotz wäscht sich die Hände.
— Du wäschst dir die Hände wütend nach einem Streit mit dem Chef.
— Du bist morgens noch ganz verschlafen und findest kaum den Wasserhahn.
— Du hast plötzlich Angst, weil du im Spiegel zwei finstere Gesellen in den Waschraum kommen siehst.

- Du wäscht dir die Hände in der Theaterpause und hast Angst, etwas von der Vorstellung zu verpassen.
- Du bist ein penibler Mensch, der übergroße Vorsicht walten läßt, um nicht seine kostbare Armbanduhr zu bespritzen.
- Zwei Gangster sind im Waschraum zu einem heißen Geschäft verabredet. (2)
- Du mußt dich ganz vorsichtig waschen, weil dein kleiner Finger verletzt ist.
- Du wäscht dich mit einer wunderschön duftenden Seife.
- Der Wasserhahn klemmt.
- Zwei verfeindete Nachbarn (-barinnen) lächeln einander böse zu. (2)
- Ein Arzt wäscht seine Hände gründlich vor einer Operation.
- Du wäschst dir die Hände, nachdem du in einen Hundehaufen gefallen bist.
- Ein lahmer Typ wäscht sich, daneben wartet ungeduldig ein Hektiker. (2)
- Strenge(r) Mutter/Vater beobachtet genau, ob sich das Kind gründlich genug wäscht. (2)
- Ein entflohener Sträfling sucht Zuflucht im Waschraum und wäscht sich betont unauffällig, da naht der Verfolger.

9.1 Planungsbeispiel

Das folgende Planungsbeispiel enthält den Aufbau einer Übungsreihe von vier Zeiteinheiten von je vier Unterrichtsstunden. Dies entspricht dem Umfang eines Wochenendworkshops (zwei Tage jeweils vormittags und nachmittags). Obwohl die Übungen für Einsteiger geeignet sind, können auch Fortgeschrittene ihre Fähigkeiten erweitern und verbessern. Auch wiederholte Teilnahme wird von den Teilnehmern nicht als eintönig empfunden, da jeder Workshop, durch die unterschiedliche Zusammensetzung bedingt, immer wieder etwas anders abläuft und neue Ideen hervorbringt.

Die Form des Wochenendworkshops bietet gegenüber dem fortlaufenden Kurs mit einem Kursabend pro Woche folgende Vorteile:

— Die Teilnehmer kommen morgens zum Kurs, ohne vorher einen anstrengenden Schul- oder Arbeitstag hinter sich liegen zu haben.
— Der größere zeitliche Rahmen bietet die Möglichkeit, Übungen ausführlicher durchzuführen.
— Wer sich zu einem Wochenendworkshop anmeldet, hat sich diesen Zeitpunkt meist freigehalten, so daß die Gruppe komplett bleibt, im Gegensatz zu Abendterminen, bei denen bisweilen einzelne Teilnehmer verhindert sind.
— Die Gruppenatmosphäre ist von günstigeren Voraussetzungen positiv beeinflußt, zumal auch Pausen (Mahlzeiten) gemeinsam geplant werden können und sich somit leichter Kontakte innerhalb der Gruppe ergeben.

Es versteht sich von selbst, daß hinsichtlich des zeitlichen Umfanges nicht alle wichtigen Themenbereiche erfaßt werden können, sondern Schwerpunkte gesetzt werden müssen.

Die nicht in diesem Buch beschriebenen Übungen sind in meinem Band ,,Pantomime, Ausdruck, Bewegung'' erklärt.

Erste Einheit (4 Unterrichtsstunden)	**Inhalte**
gehen in Variationen, Tempowechsel, Zwischenaufgaben, Richtungsänderung, Händeschütteln	bewußtere Bewegungsabläufe (1) S. 9
gymnastische Übungen	Lockerung, (1) Dehnung S. 12-24
Augenkontakt	Kontaktaufnahme, (1) Raumerfahrung S. 58
Spiegelpantomime, Zerrspiegel	Koordination vergrößernde (1) Bewegung S. 31
Berührungsstehbilder	Kontaktimprovisation (1) S. 70
Menschen als Gegenstände	Spielideen
Geschenkekiste	imaginäre Gegen- (1) stände, toc S. 36
verschiedene Speisen und Getränke	Rückbesinnung auf Sinneswahrneh- (1) mung, Echtheit S. 36
Bilderbuch (Monate eines Jahres)	Stehbild, Spannung (1) S. 98

Zweite Einheit (4 Unterrichtsstunden)	**Inhalte**
gymnastische Übungen, bes. Partnergymnastik, Sprünge	Lockerung, Dehnung (1) S. 66
Klopfmassage	Entspannung, (1) Partnerkontakt S. 29
Fixpunkt im Raum, pantomimische Darstellung der Wand	Isolation, imaginä- (1) rer Gegenstand S. 42 + 59
Gruppe im Labyrinth	wie zuvor, außerdem Koordination
Aufgabenkarten zur „Wand"	wie zuvor, außer- (1) dem Improvisation S. 99
Darstellung einer Wohnungseinrichtung durch Bewegen in ihr und Umgang mit den Gegenständen	Schaffen einer Illusion, Vorstellungskraft, Echtheit
Stabkampf	wie zuvor, außer- (2) dem Koordination S. 19 und Zeitlupe
vier am Frühstückstisch	Typisierung (1) S. 52
Stern	Gruppen- (1) atmosphäre, S. 29 Schlußübung

Dritte Einheit (4 Unterrichtsstunden)	**Inhalte**
Händedruck	Kontaktaufnahme (1) S. 28
pantomimische Seereise	Lockerung, Gruppenatmosphäre (1) S. 25
anheben oder Spannung	Spannung/Entspannung (1) S. 59
auftauen	Vorstellungsübung (1) S. 66
Metamorphose (Affe, Schlange, Giraffe, Kamel, Spinne . . .)	Beobachtungen umsetzen, Bewegungsanalyse
Zentrumsrolle	Zentrum (1) 64
Richtungsänderungstanz	Zentrum (1) S. 67
Balance halten	Gleichgewicht (1) S. 61
Kontaktübungen mit Weichball	Koordination, Gleichgewicht (1) S. 76
tänzerische Kontaktimprovisation	ebenso (1) S. 76
thematische Kontaktimprovisation	ebenso, außerdem Spielimprovisation (1) S. 78
chorische Bewegung	Koordination (1) S. 64
Synchronspiel	ebenso, außerdem Typisierung, Komik (1) S. 65
Themen für Kleingruppenstücke	Spielerfahrung (1) - S. 92 ff (2) - S. 90 ff

Vierte Einheit (4 Unterrichtsstunden)	**Inhalte**
stampfen — wiegen — schütteln	Lockerung
Kommunikationslinie	aufeinander eingehen (1) S. 65
Körperteilkampf	Impuls-Reaktion (1) S. 60
Masken übernehmen	Vorber. für Maskenspiel (2) S. 31
Kino	Maskenspiel (2) S. 38
Gerüchteküche	Geräusche (2) S. 16
Konflikt	Energie dosieren (1) S. 60/61
Traumhafte/alptraumhafte Erlebnisse	absurde Pantomime, Gespräch über Träume (1) S. 100
Spielaufgaben zum Thema „Stuhl"	Requisitenspiel, Clowneske (2) S. 22
Die vier Elemente	Umsetzung in Bewegung (1) S. 94/95
Magic apple	Schlußspiel (2) 27

9.2 Themen für Aufgabenkarten

Ein Spieler spielt zwei Personen im Wechsel

Reiseleiter und Tourist
(Schuh)verkäufer und unentschlossener Kunde
David und Goliath
Passant und Flugblattverteiler
Warenhausdetektiv und Ladendieb
Dirigent und Musiker
Arzt und Patient
Mutter und ungezogenes Kind
Fotograf (oder Maler) und Modell
Messerwerfer und Opfer
Sportler und Trainer
Friseur und Kunde

Bewegungscollage

Ablauf: Die Aufgabenkarten werden gemischt. An 5-8 Spieler wird je eine Karte verteilt. Auf ein Zeichen hin beginnen die Spieler gleichzeitig, die Aufgabe umzusetzen. Das Ergebnis ist eine surreale Collage von Lauten und Bewegungen.

Spiele einen Star! — Weine! — Iß Erdnüsse! — Iß eine Banane! — Schreibe auf der Schreibmaschine! — Winke jemandem zu! — Singe „Alle meine Entchen"! — Singe das ABC! — Suche etwas! — Tanze Twist! — Bohre in der Nase! — Packe einen Koffer! — Lache so laut du kannst! — Probe „Hamlet"! — Frisiere dein Haar! — Baue pantomimisch einen Liegestuhl! — Spiele einen Boxer im Ring! — Schlafe! — Schimpfe wie ein Rohrspatz! — Pfeife ein Lied! — Spiele ein Flugzeug! — Tanze Flamenco! — Hüpfe auf der Stelle! — Jogge! — Spiele einen Affen! — Spiele mit dem Mund Trompete!

Slapstickthemen

— Zwei junge Männer wollen im Cafe das gleiche Mädchen ansprechen.
— Ein unwillkommener Besucher fühlt sich wohl und geht nicht. Die Familie ist ungeduldig, traut sich aber nicht zur Offenheit.
— Ein unentschlossener Kunde strapaziert die Nerven einer anfangs noch sehr freundlichen Verkäuferin.
— Ein raffinierter Vertreter versucht, einer zweifelnden Hausfrau etwas Unnötiges anzudrehen.
— Streit eines Paares im Auto

- Ein Junge will in einer Gruppe von Altersgenossen Aufmerksamkeit erregen.
- Der Hausbewohner hat einen Einbrecher auf frischer Tat ertappt. Doch dieser gibt nicht auf und versucht trickreich, sich zu retten.
- Zwei Büroangestellte tratschen über einen dritten. Als dieser hinzukommt, sind sie überfreundlich.
- Jemand will seinen Partner durch Flirtereien eifersüchtig machen.

Drei an der Wand

Ablauf: 3 Personen stehen mit dem Rücken zum Publikum. Der Spielleiter liest das Thema vor.

Auf ein Signal (Klatschen) drehen sich alle drei Spieler um und nehmen ein zum Thema passendes Stehbild ein.

Auf ein weiteres Signal beginnen sie zu spielen.

Wem nichts mehr einfällt, begibt sich zurück in die Ausgangsposition.

Wenn alle drei Spieler wieder in ihrer Ausgangsposition stehen, ist das Thema beendet.

In einer Kneipe
Im Museum auf einer Ausstellung moderner Kunstobjekte
Auf einem orientalischen Bazar
In einem schmutzigen Schnellimbiß
Bei einem Fußballspiel
Um Mitternacht in einem zwielichtigen Viertel
In der Kirche
Im Warteraum eines Arztes
Am FFK-Strand
Auf einer vornehmen Party

Jahrmarksthemen als Mitmachaktion

Mechanisches Orchester
Schiffschaukel
Haut den Lukas!
Spiegelkabinett
Jongleure (pantomimisch oder echt)
Schießbude
Pferdedressur
Ballonstand
Zuckerwatte

Zirkussensationen

der Affenmensch
der Hypnotiseur mit dem magischen Blick
der Schlangenmensch
der Gummimensch
das mechanische Wesen
die stärkste Frau
die rollenden Clowns
der Entfesselungskünstler
die Königin auf dem Hochseil
die lebende Marionette

Impulssätze

Diese Aufgabenkarten eignen sich dazu, Kleingruppenstücke für circa drei bis fünf Personen zu erarbeiten. Die kurz und prägnant formulierten Sätze sollen den Ideenfluß der Spieler anregen.

— Eine ganz böse Überraschung!
— Schade, daß mir (uns) so etwas nicht vorher eingefallen ist!
— Das Gift sollte rechtzeitig kommen.
— Wie man es auch macht, immer ist es falsch!
— Leider zu spät!
— Na warte(t), Rache ist süß!
— Zum Glück habe ich das noch gerettet!
— So müßte es eigentlich klappen!

Themen für Kleingruppenstücke

Ein Bettler träumt von plötzlichem Reichtum. (ab 3 Pers)

Zwei Angler konkurrieren miteinander und würdigen die Beute des anderen herab. (2 Pers)

Duell im Morgengrauen (4 Pers einschl. der Sekundanten)

Nachtasyl (6 Pers)

Flirt in der Straßenbahn (2 Pers)

Schuhputzer arbeitet sich zum Millionär hoch (5-7 Personen)

Taschendiebstahl (3-4 Pers)

Musikzusammenschnitt (Vorschlagsreihe)

Musik	Spielaufgabe
Rock n'roll	Koffer packen
Donauwalzer	Morgentoilette
Krimi-Musik	Arzt bei einer Operation
Menuett	Einkauf im Supermarkt
As time goe by	Lässiger Keller bedient ungeduldigen Gast (2 Pers)
Toccata d-moll BWV 565 (J. S. Bach)	Reifenpanne beheben
Kammermusik (Cello)	Pflanzen pflegen
Tango	Agiler Friseur bedient müden Kunden (2 Pers)
Das Lied vom Tod	Babysitter
Opernarie	Emsige Putzfrau
Gnomentanz (Bilder einer Ausstellung/ Mussorgsky)	Hektisch den Tisch decken, Teile gehen zu Bruch
Blues (J. J. Cale)	Eine Kuh melken
Minimalmusik (Laurie Anderson: Superman)	Ungeduldig an einem Treffpunkt auf jemanden warten
Marschmusik	Arroganter Schalter-beamter
Chariots of fire (Vangelis)	Spiel mit Seifenblasen
Bolero (Ravel)	Nach Rezept kochen
Dixie	Zahnarzt bereitet seine Instrumente vor und zieht einen Zahn (2 Pers)
Der fliegende Holländer (Wagner)	Beim Techtelmechtel überrascht (3 Pers)
Spannende Filmmusik	Eine listige Maus fangen
Flötensonate (Händel)	Glück und Pech eines Anglers
Ballettsuite	Anstreicher
Cafehausmusik	,,Anmachszene'' im Cafe (2 Pers)
Trommelsolo	Autofahrt im Höllen-tempo (zu spät losge-fahren)
Langsames Saxophonstück	Frühstück eines Morgenmuffels

Um es nochmals zu betonen, bei dieser Liste handelt es sich um einen von mir erstellten und erprobten Vorschlag, der natürlich abgewandelt werden kann, wenn die eine oder andere Musik nicht verfügbar ist. Ein lustiges Experiment besteht darin, die Reihenfolge der Themen auszutauschen oder sie durch Ziehen von Aufgabenkarten dem Zufall zu überlassen.

Das wichtigste Element dieser Spielthemen ist der Spaß der Akteure und natürlich auch der Zuschauer. Technische Aspekte des Spielens sollte man hier deshalb zurückstellen gegenüber der Spritzigkeit der Darstellung. Viel Spaß und eine Reihe eigener Ideen!

Musik

Der Einsatz von Musik wird sich natürlich nach dem persönlichen Musikgeschmack richten. Im folgenden habe ich eine Grundauswahl angegeben, nach Einsatzbereich gegliedert. Zum Teil ist zusätzlich eine Kurzcharakteristik der betreffenden Musik zugefügt. Leider ist nicht immer jeder angegebenen Titel zu erhalten. Gute Musikgeschäfte helfen vielfach weiter und bestellen den gewünschten Titel.

Entspannung und Meditation

Deuter: Cicada (Kuckuck Schallplatten)
Tony Scott: Music for Zen Meditation (Polygram records)
Paul Horn: Inside the Great Pyramide, 2 LP

Sanfte Gymnastik und langsame Begleitmusik

Jean Michel Jarre: Oxygene (Polydor)
Eberhard Schoener: Systeme (Mercury)
Neil Diamond: Filmmusik zu ,,Die Möwe Jonathan''
Charlie Haden, Jan Garbarek, Egberto Gismonti: Magico (ECM)
Kitaro: Silk Road Suite (Kuckuck Musikverlag)
Vangelis: Chariots of Fire (Polydor)
Larry Carlton: Alone but Never Alone

Rhythmische Gymnastik

Jon Lord: Sarabande (Electrola) — mit orientalischen Elementen
Guem et Zaka Percussion — Afro

Impulsreiche Musik für Bewegungs- und Tanzimprovisation

Eno, Moebius, Roedelius: After the Heat (Sky records) — sphärische Klangstrukturen, meist langsam, gut für Zeitlupe und Stabkampf
Vladimir Cosma: Diva, Filmmusik (Spi Milan) — verschiedene Musik von sanft bis dynamisch
Egberto Gismonti: Solo (ECM) — ausgeglichene Gitarren- und Klavierst.
Egberto Gismonti: Sol Do Meio Dia (ECM) — Impulsreich, f. Kontaktimpr.
Moraz, Bruford: Music for Piano und Drums (EG records) — sehr kraftvolle Impulse, nur Piano und Schlagzeug

Bognermayr, Zuschrader: Erdenklang (Teldec) — Computerakustische Klangsinfonie mit Erdgeräuschen
Jan Garbarek, Bobo Stenson Quartet: Dansere (ECM) — impulsreicher Jazz, sehr schön für Tanzimprovisation
Popol Vuh: Music from Werner Herzog Films (Pop import) — Traummusik, zum Teil düster, enthält die Titelmusik zu „Nosferatu"
Ryuichi Sakamoto: Furyo, Filmmusik (Virgin records) — fernöstliche Klänge
Tomita: Pictures at an Exhibition nach Mussorgsky (RCA) — sehr ausdrucksstarke, wandlungsfähige, elektronische Musik, besonders für Stehbildserien geeignet.
Joe Zawinul: Dialects (CBS) — kraftvoller Jazzrock, in experimenteller Weise mit Stimmfragmenten gemischt
Jean Michel Jarre: Zoolook (Polydor) — elektronische Musik mit Stimmen, Atmosphäre für Beziehungsstücke
Eberhard Schoener: Events (Emi Electrola) — Tanz- und Kontaktimprovisation
Eberhard Schoener: Flashback, (Emi Electrola) — Tanz- und Kontaktimprovisation
Eberhard Schoener: Transformation, (Emi Electrola) — Tanz- und Kontaktimprovisation

Zirkusmusik
Chuck Mangione: Children of Sanchez (A & M records)

Spieldosen und Kirmesorgel
Hierzu gibt es eine Reihe von Aufnahmen. Eine Auswahl ist z. B. in den Spieldosenmuseen in Rüdesheim und in Utrecht (Holland) zu erhalten. Ein Besuch dieser Museen lohnt sich übrigens.

Cafehaus- und Salonmusik
Auch hierzu gibt es einige Zusammenstellungen.

Minimalmusik
Philip Glass: Koyaanisquatsi, Filmmusik (Island records) — für bewegungsreiche Szenen, z. B. Großstadthektik, langsamer Beginn, dann steigendes Tempo, teilweise hämmernder Rhythmus

Die Musik kann aus den vorgeschlagenen Titeln für den persönlichen Gebrauch zusammengestellt werden. Es gibt — falls die technischen Voraussetzungen vorhanden sind — auch die Möglichkeit, verschiedene Titel untereinander oder mit Geräuschen (Taktell) zu mischen.

Kapitel 9.2 enthält einen Vorschlag für eine Zusammenstellung, nach der kurze pantomimische Szenen gespielt werden können. Die Zusammenstellung, die auch gekürzt werden kann, läßt sich ebenfalls für die Begrüßung nach Musik einsetzen.

Literatur (nach Schwerpunkten geordnet)

Pantomimische Körpertechnik:

Anke Gerber, Clement de Wroblewski: Anatomie der Pantomime, Rasch und Röhrig Verlag, Hamburg / Zürich

Claude Kipnis: The Mime Book, Harper Colophon Books, New York 76

Jean Soubeyran: Die wortlose Sprache, Erhard Friedrich Verlag, Hannover 63

Praktisches Material und Übungen für Pantomime und Körpertheater

Herbert Giffei (Hrsg.): Theater machen, Otto Maier Verlag, Ravensburg 1982

Michael Kramer: Pantomime — 40 Spielstücke für Gruppen, Burckhardthaus Verlag, Gelnhausen 1982

Werner Müller: Pantomimie — Eine Einführung für Schauspieler, Laienspieler und Jugendgruppen, Pfeiffer Verlag, München 79

Werner Müller: Körpertheater und Commedia dell'arte — Eine Einführung für Schauspieler, Laienspieler und Jugendgruppen, Pfeiffer Verlag, München 84

H. J. Zwiefka: Pantomime — Ausdruck — Bewegung, ed. Aragon, Moers 1987

Bewegungsimprovisation / Spiel

Ulrike Finke, Reinhard Hübner, Fritz Rohrer: Spielstücke für Gruppen, Chr. Kaiser Verlag, München

Barbara Haselbach: Improvisation · Tanz · Bewegung, Klett Verlag, Stuttgart, 2. Auflage 79

Gusti Reichel, Reinhold Rabenstein, Michael Thanhoffer: Bewegung für die Gruppe, Verlag Puppen und Masken, Frankfurt, 2. Auflage 83

Masken

Die Commedia dell'Arte in den Masken der Sartoris zur Ausstellung: Die Commedia dell'Arte — Geschichte und Masken, Verlag Puppen und Masken, Frankfurt 82

Bilddokumente über Künstler

Robert Benayoun: Buster Keaton — Der Augenblick des Schweigens, Bahia Verlag, München 83

Michel Bührer: Mummenschanz, Panorama Verlag, München 84

K. Hoche, T. Meissner, B. F. Sinhuber: Die großen Clowns, Athenäum Verlag, Königstein / Ts. 82

Kinder- und Jugendtheater der Welt, Publikation der internationalen Vereinigung der Kinder- und Jugendtheater (ASSITEJ), herausgegeben von Christel Hoffmann, Henschel Verlag, Berlin 83

Körpersprache und Kommunikation

Samy Molcho: Körpersprache, Mosaik Vlg., 1983

Spielstücke für Menschenschattenspiel

Die versteinerte Stadt — Aserbaidshanische Märchen, Verlag Volk und Welt, Berlin